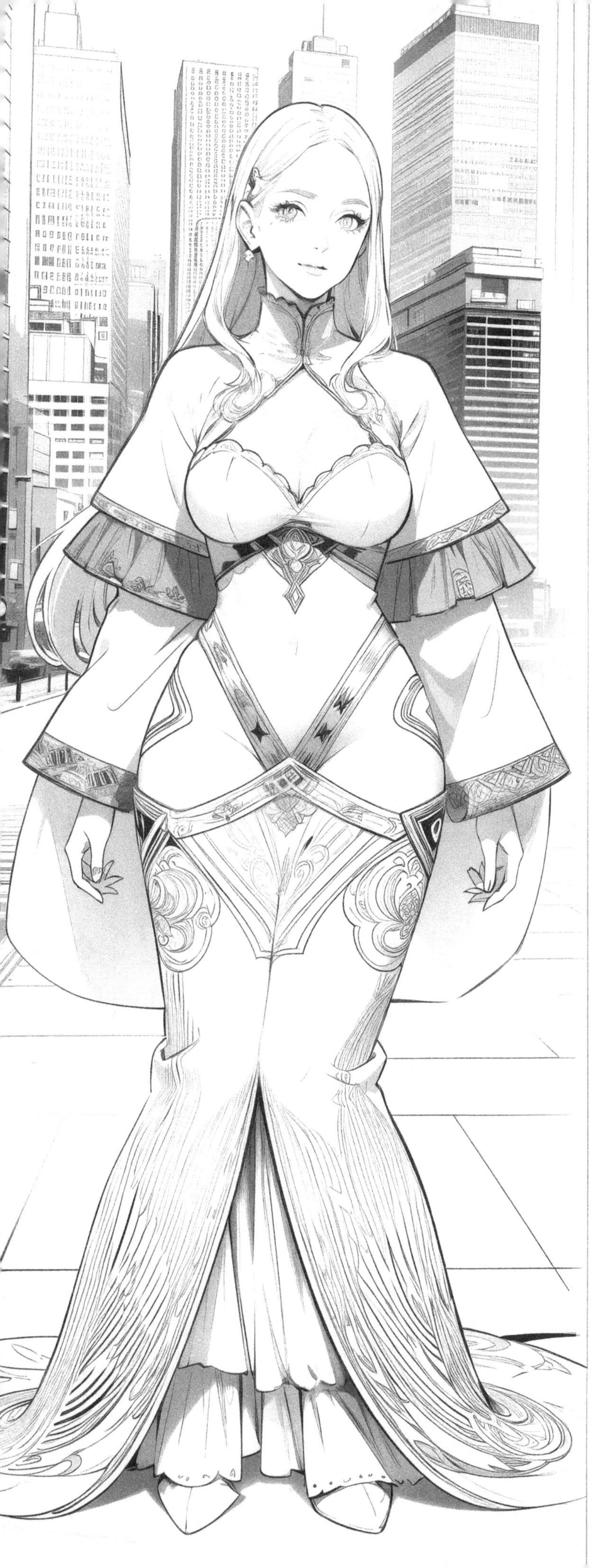

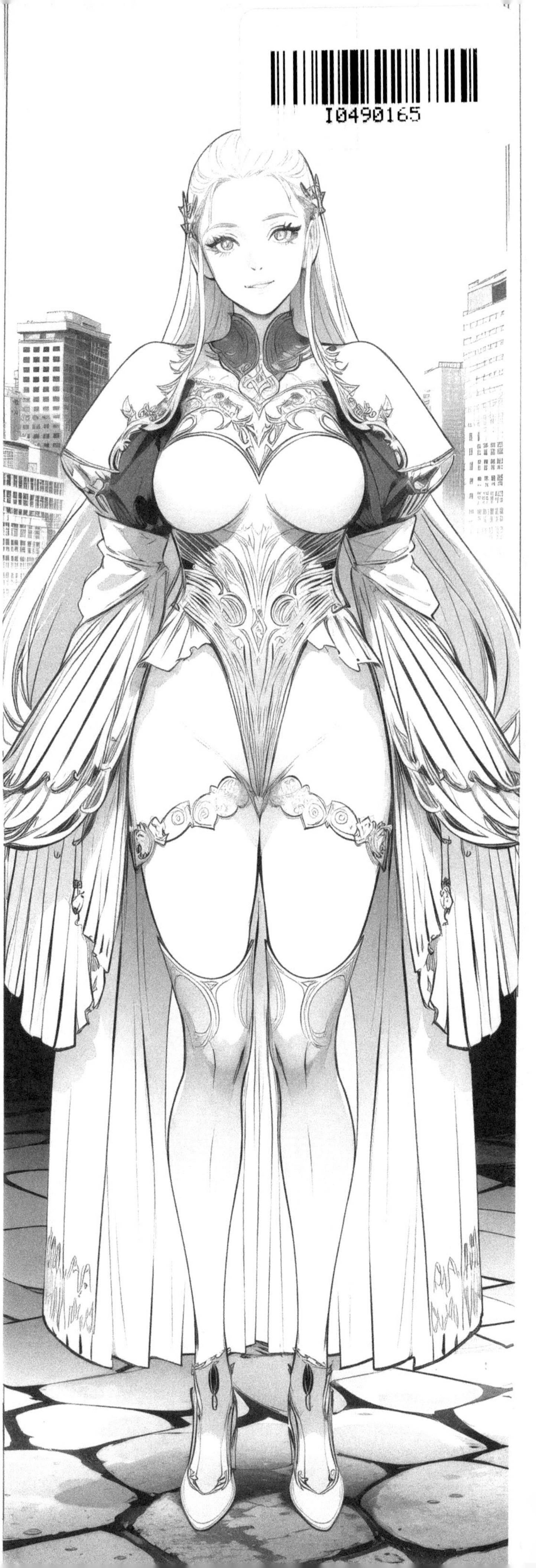

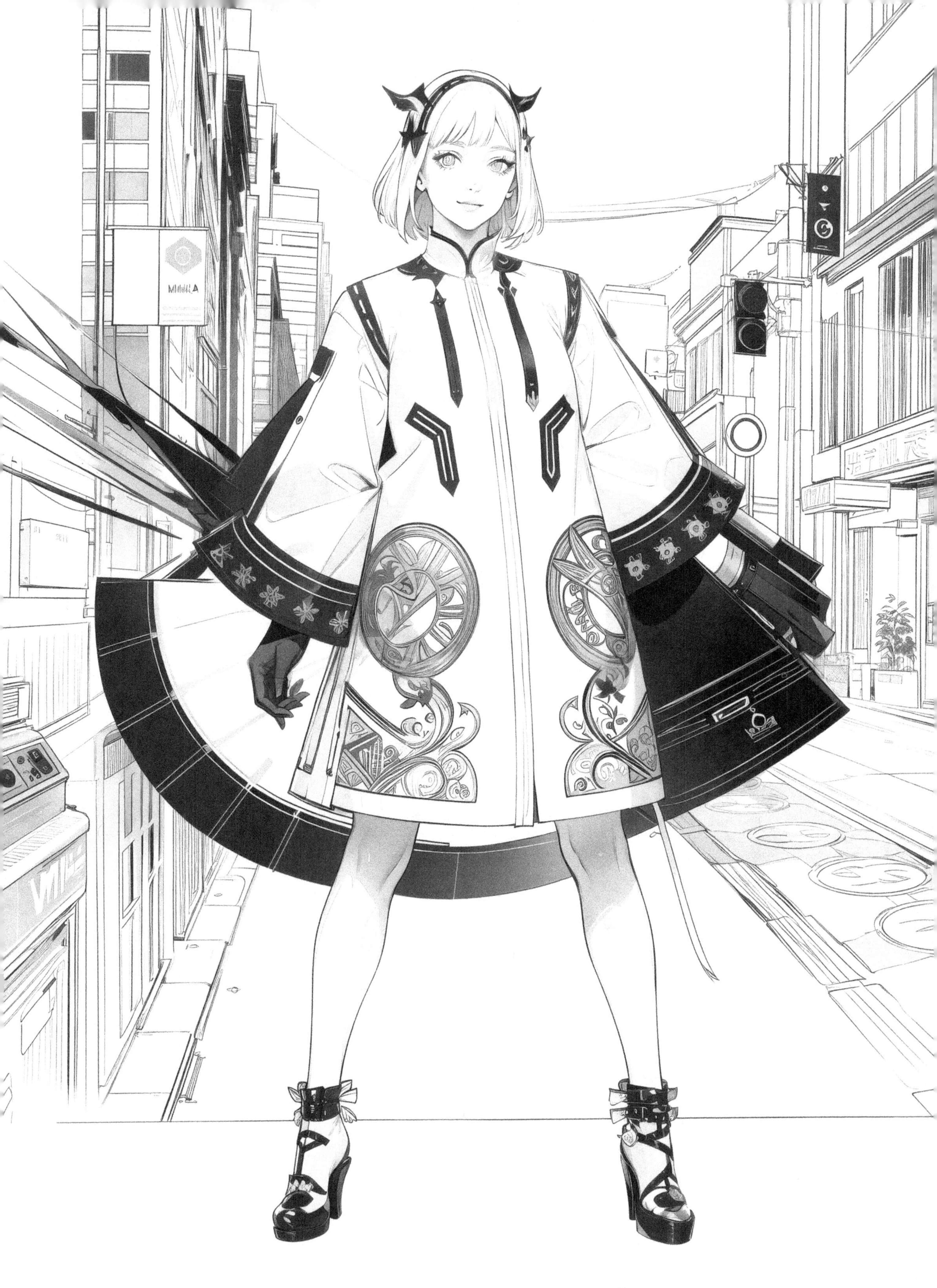

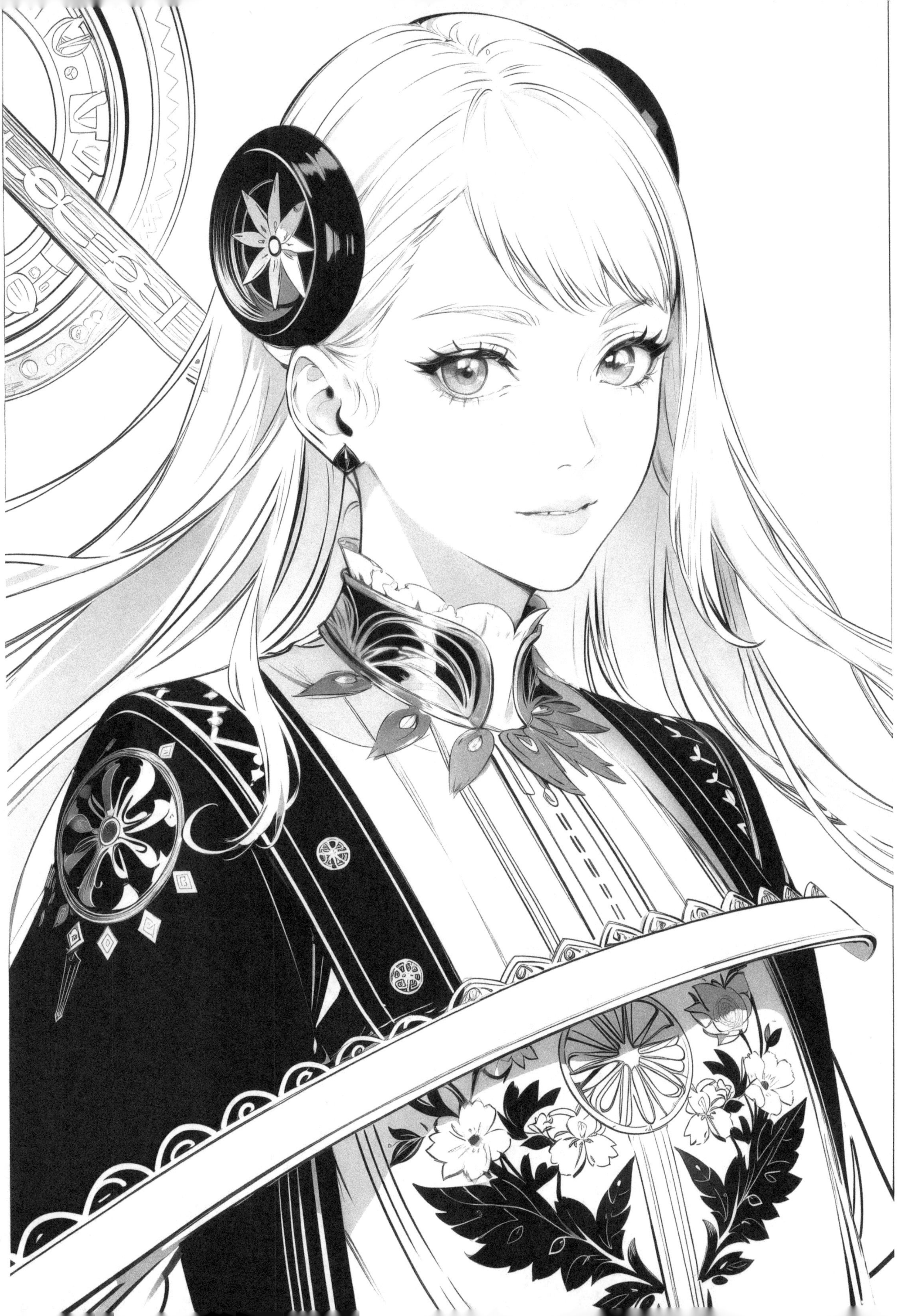

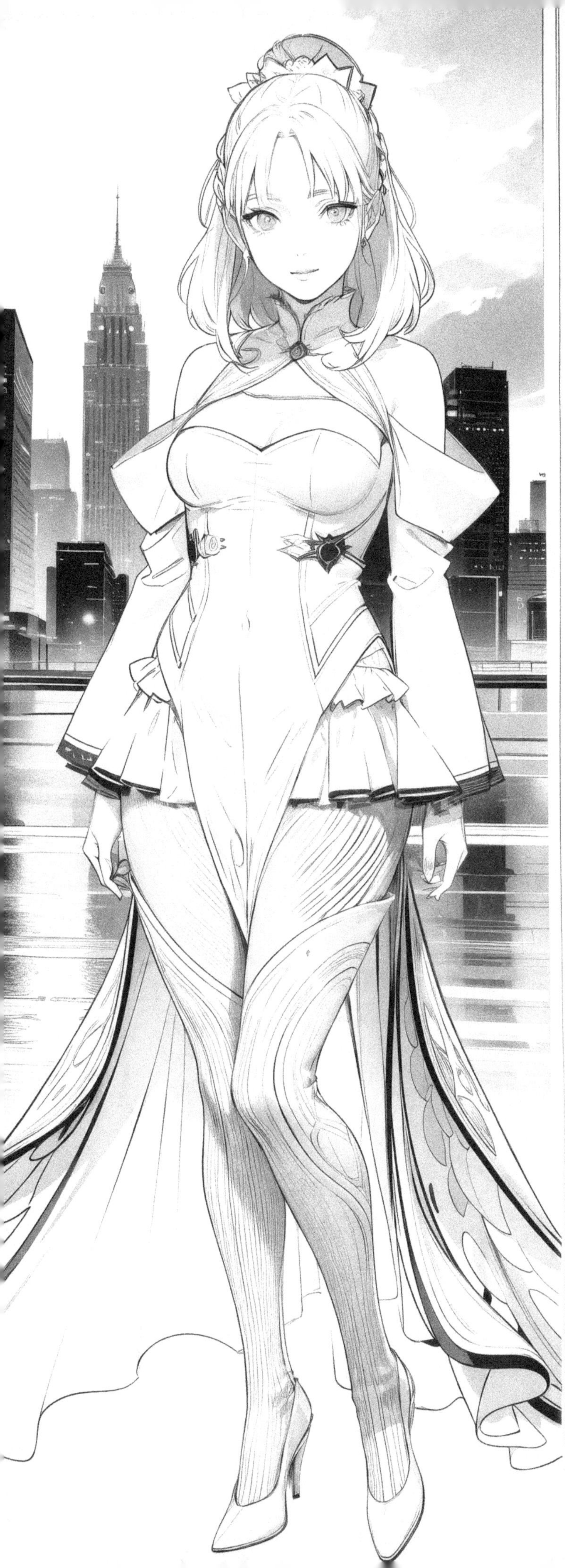
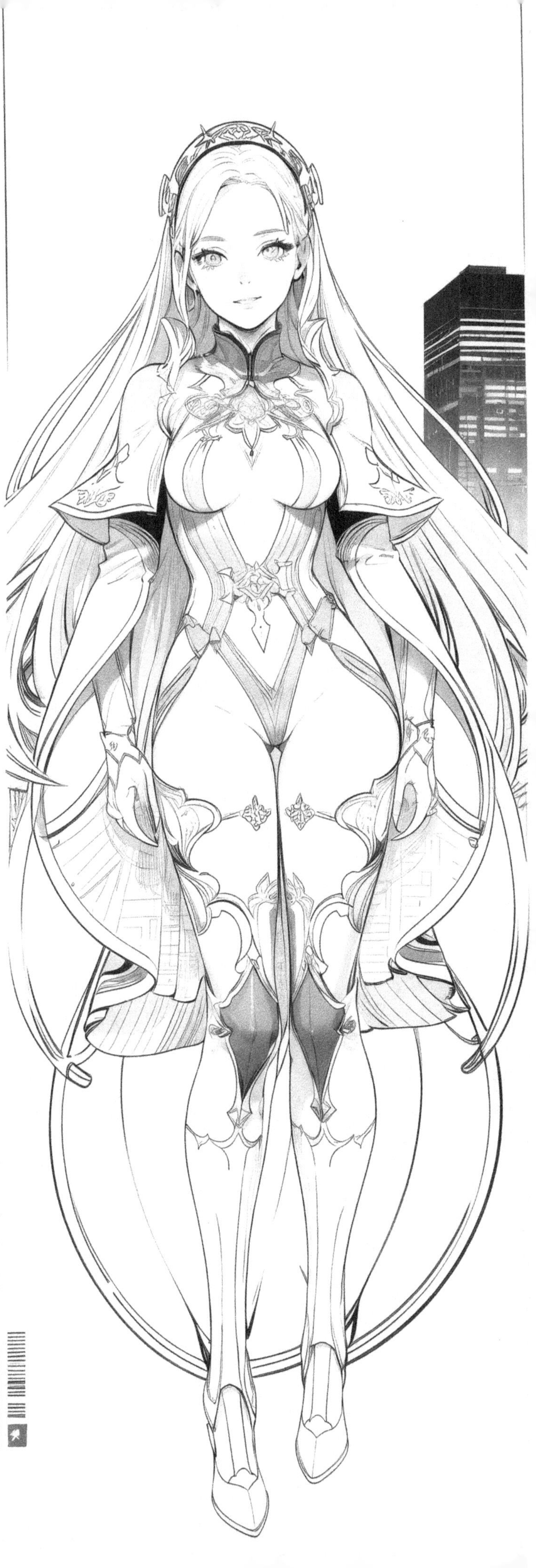

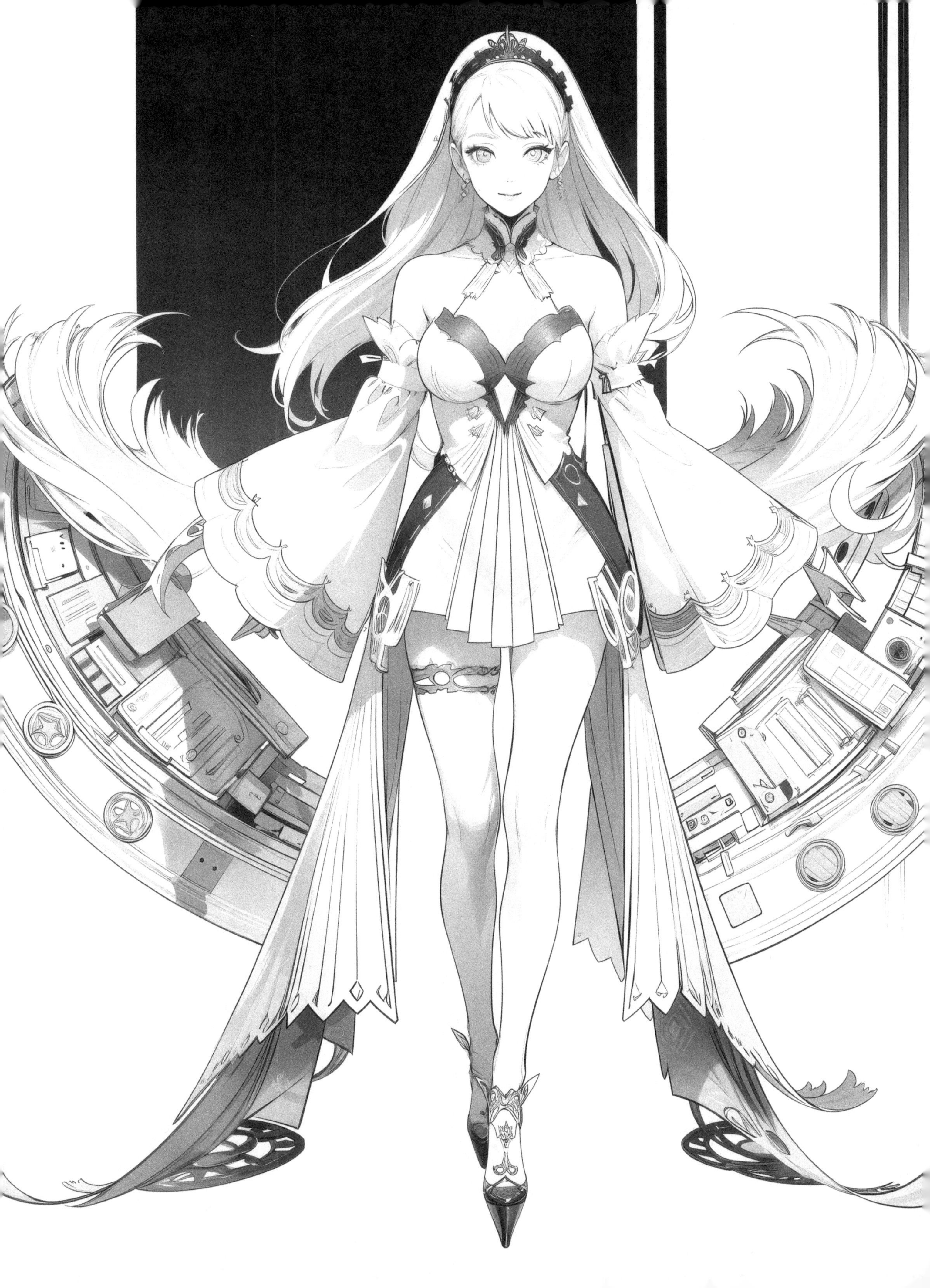

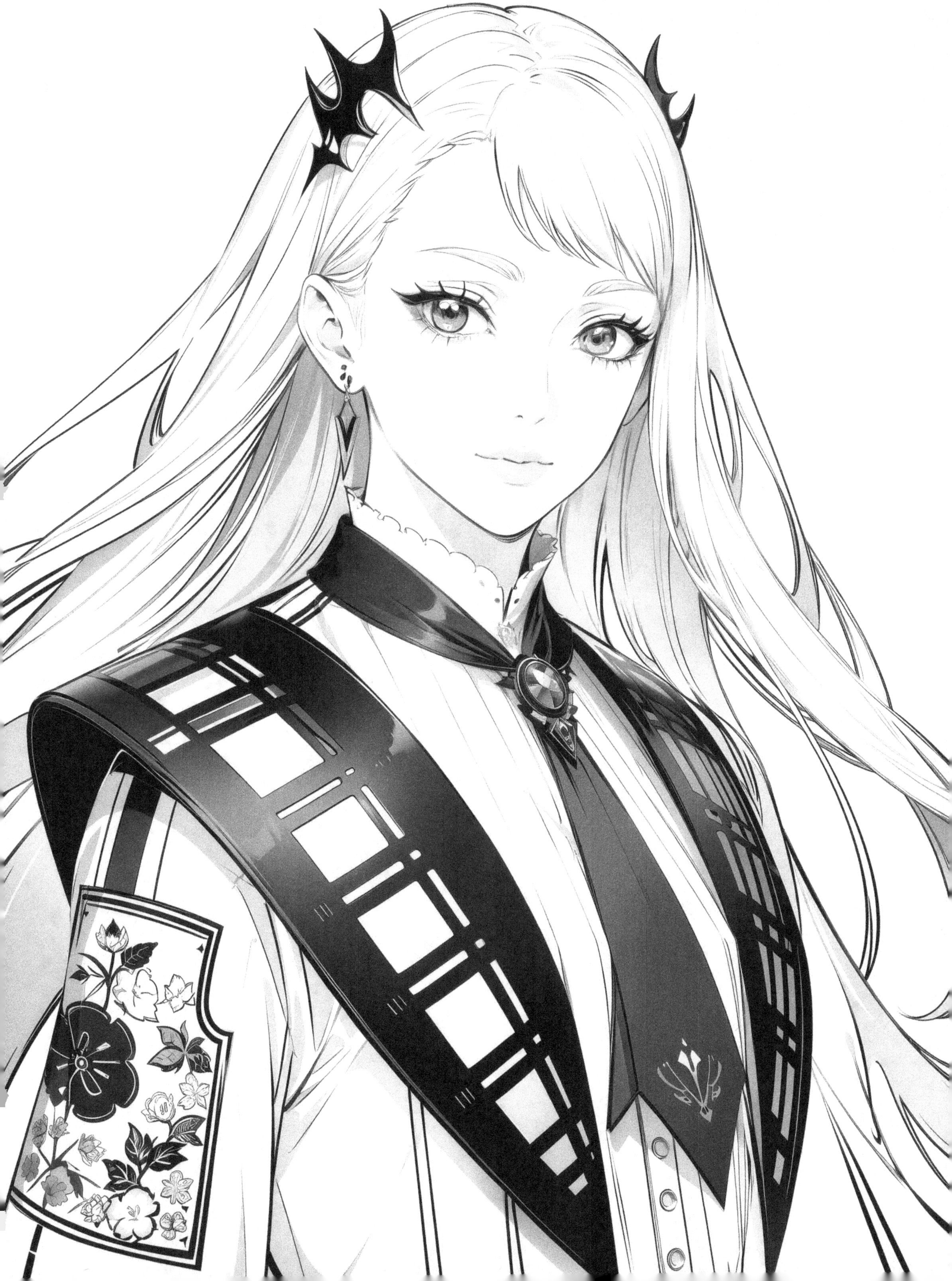

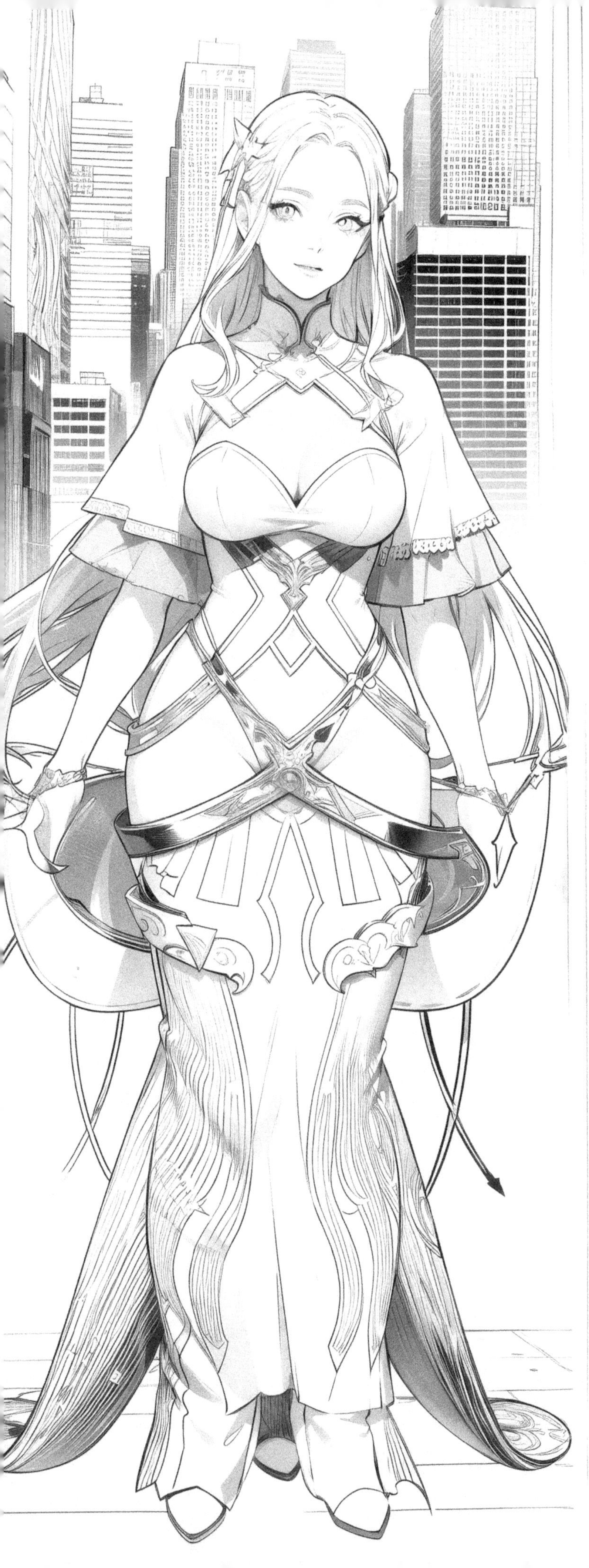
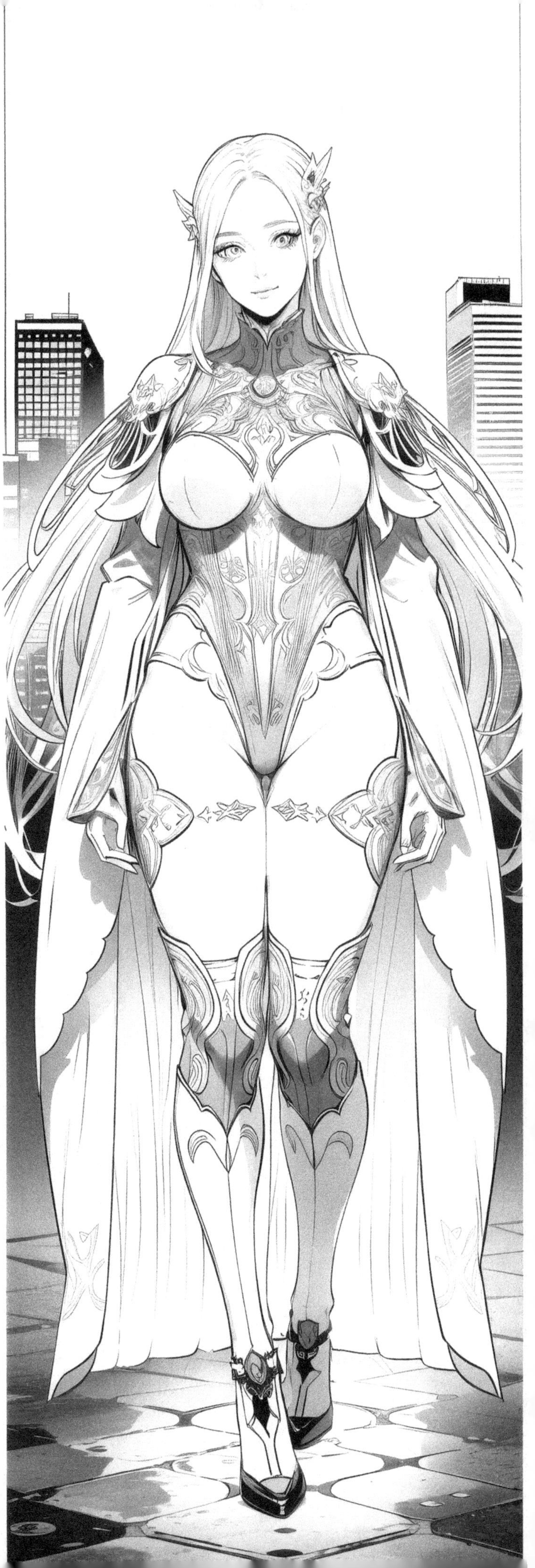

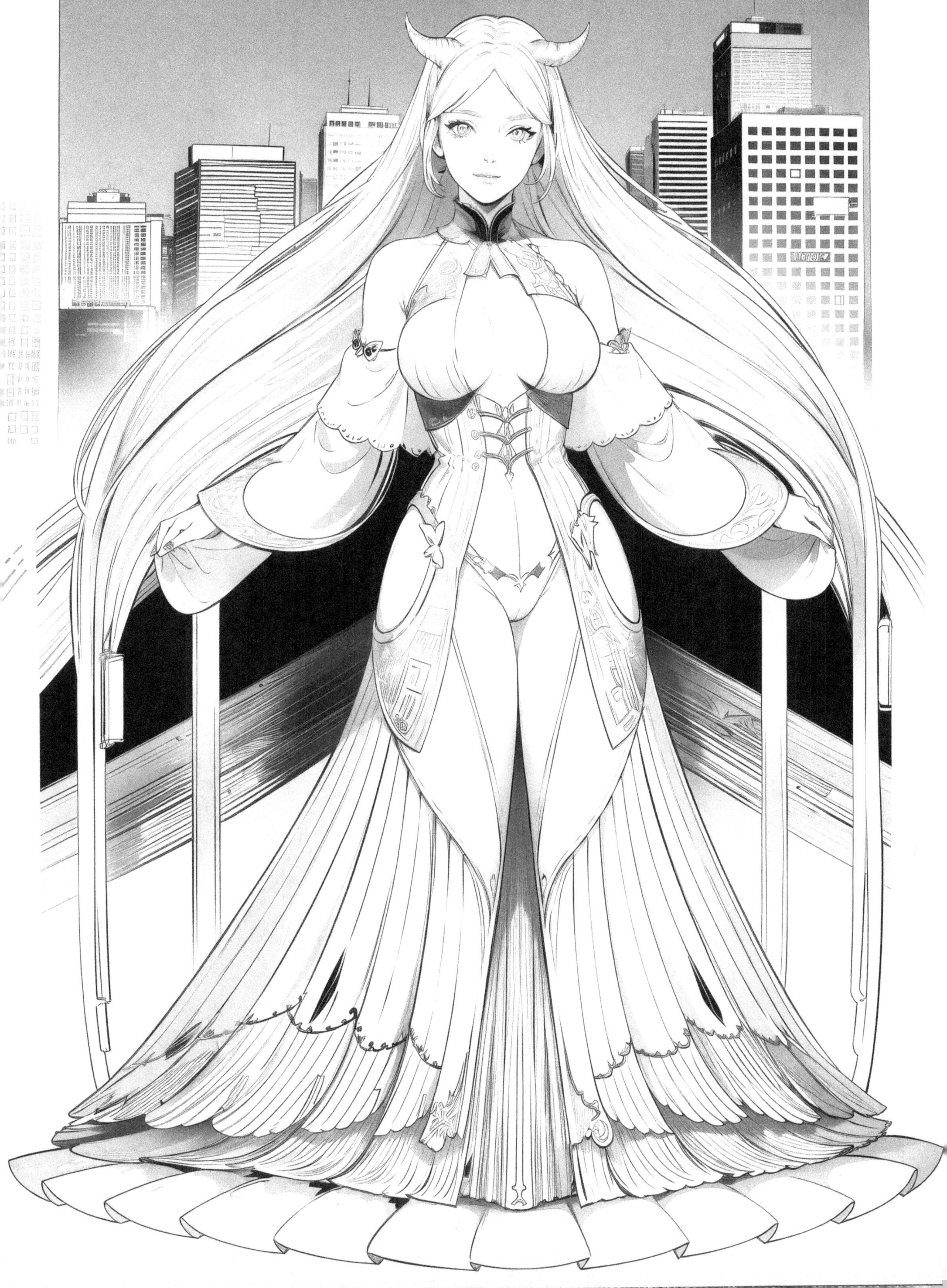

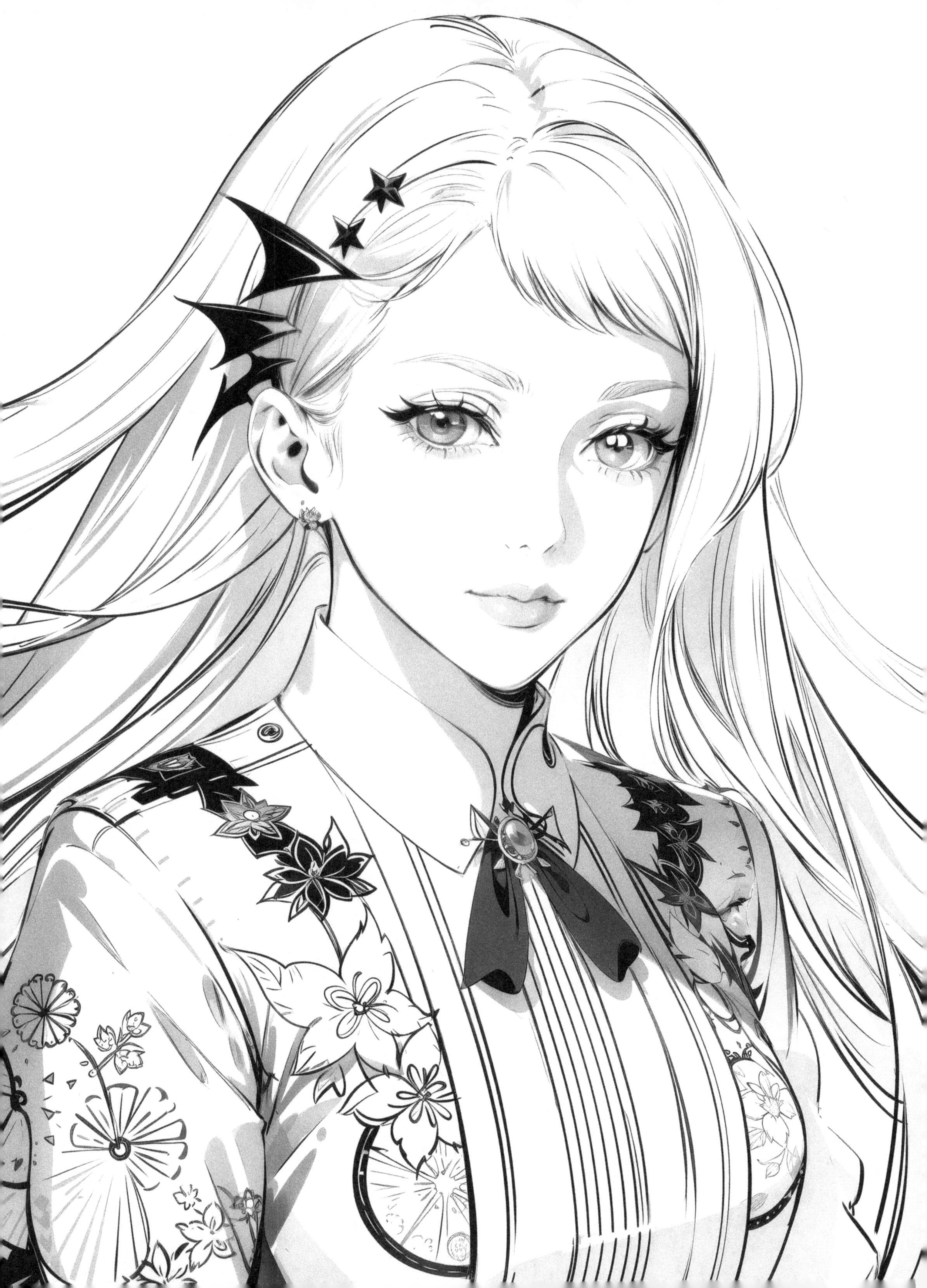

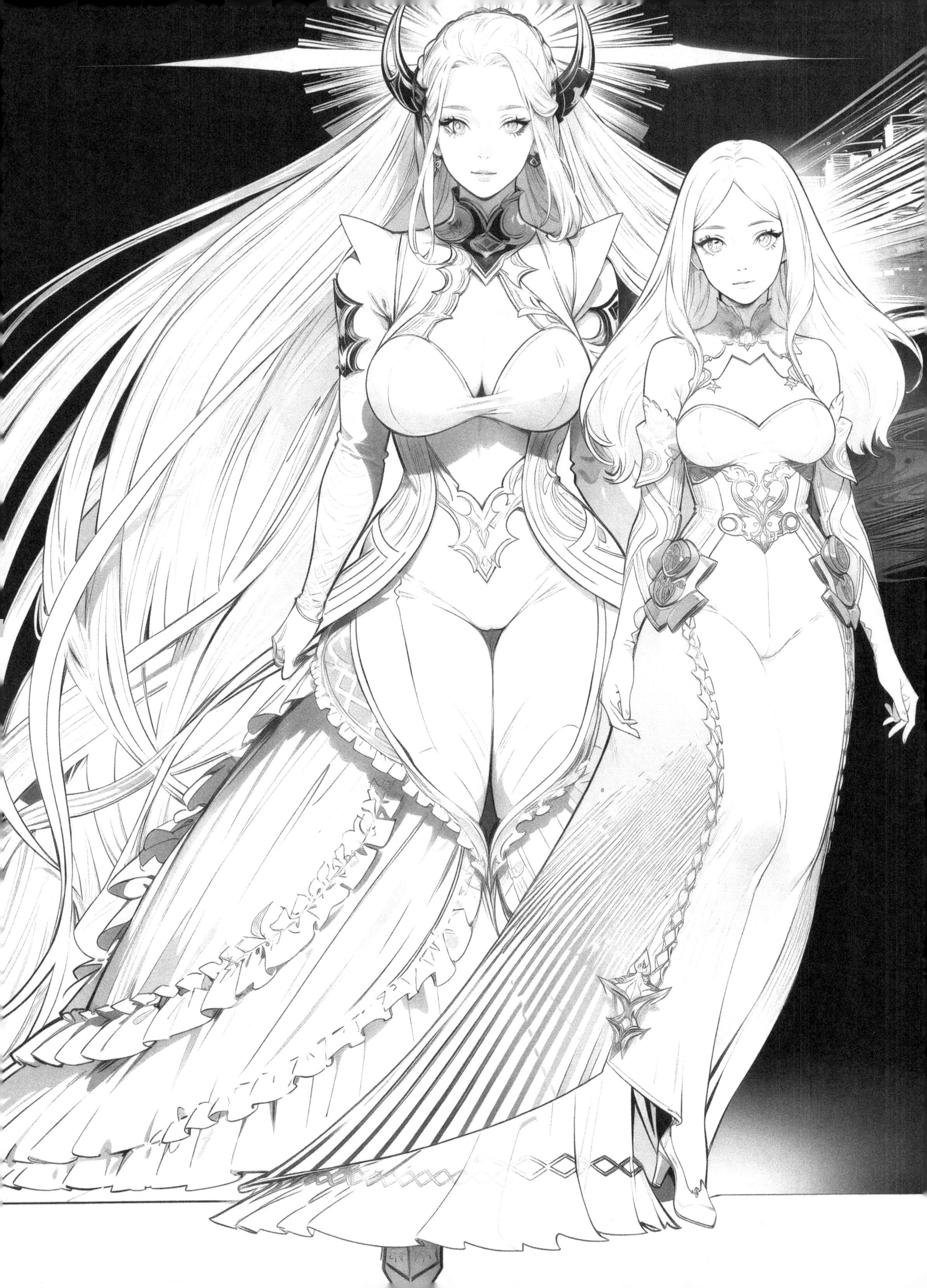

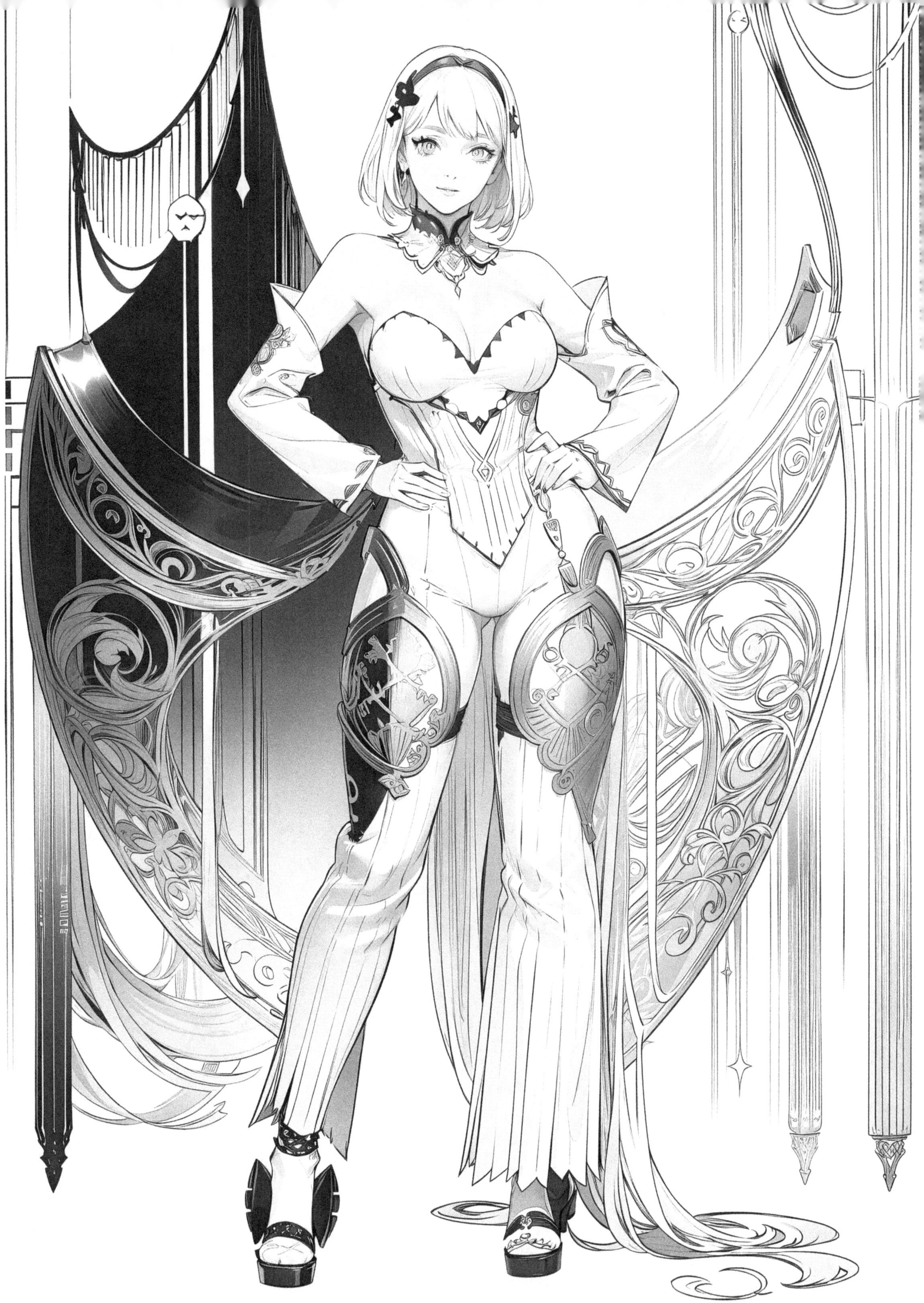

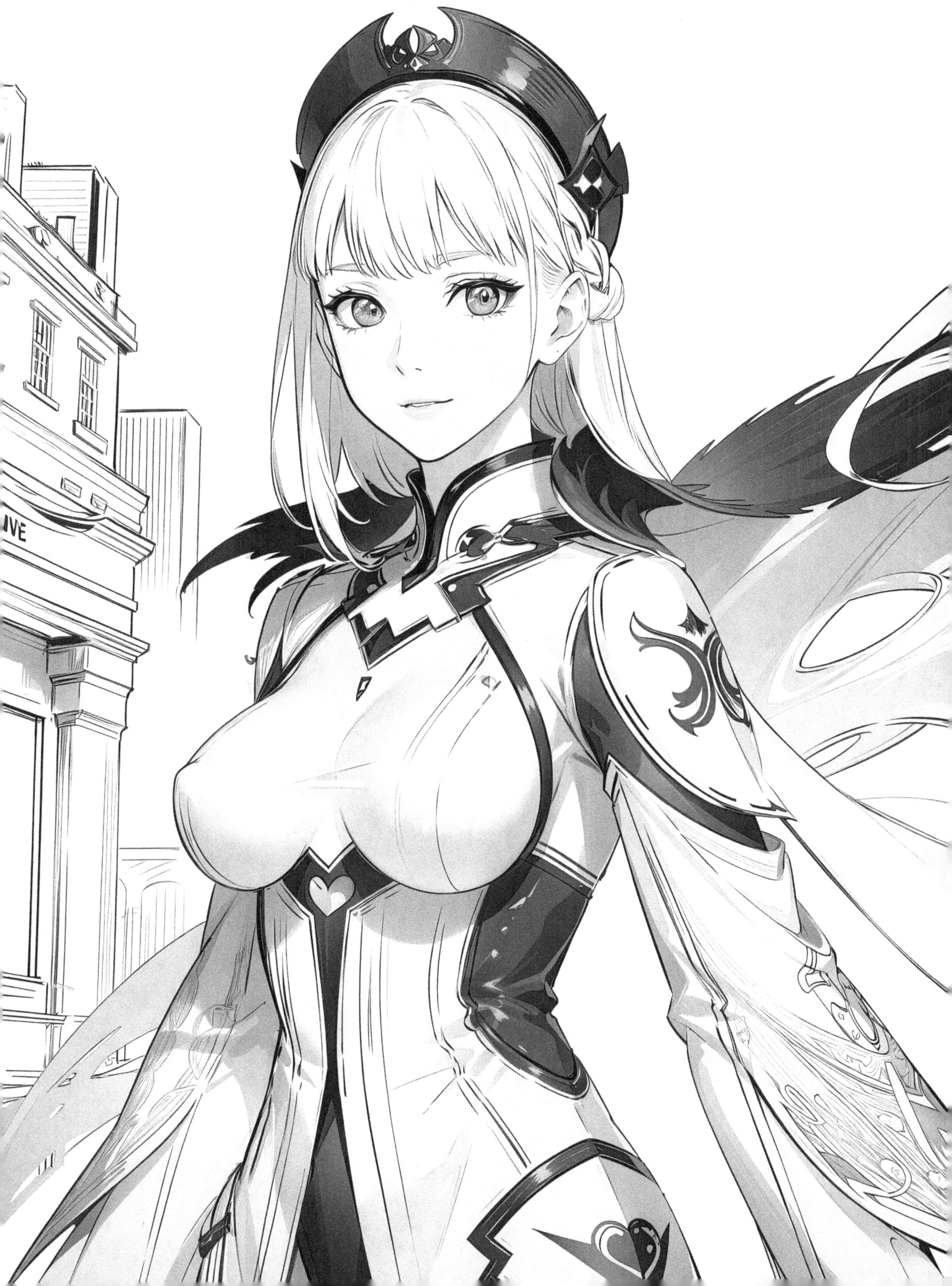

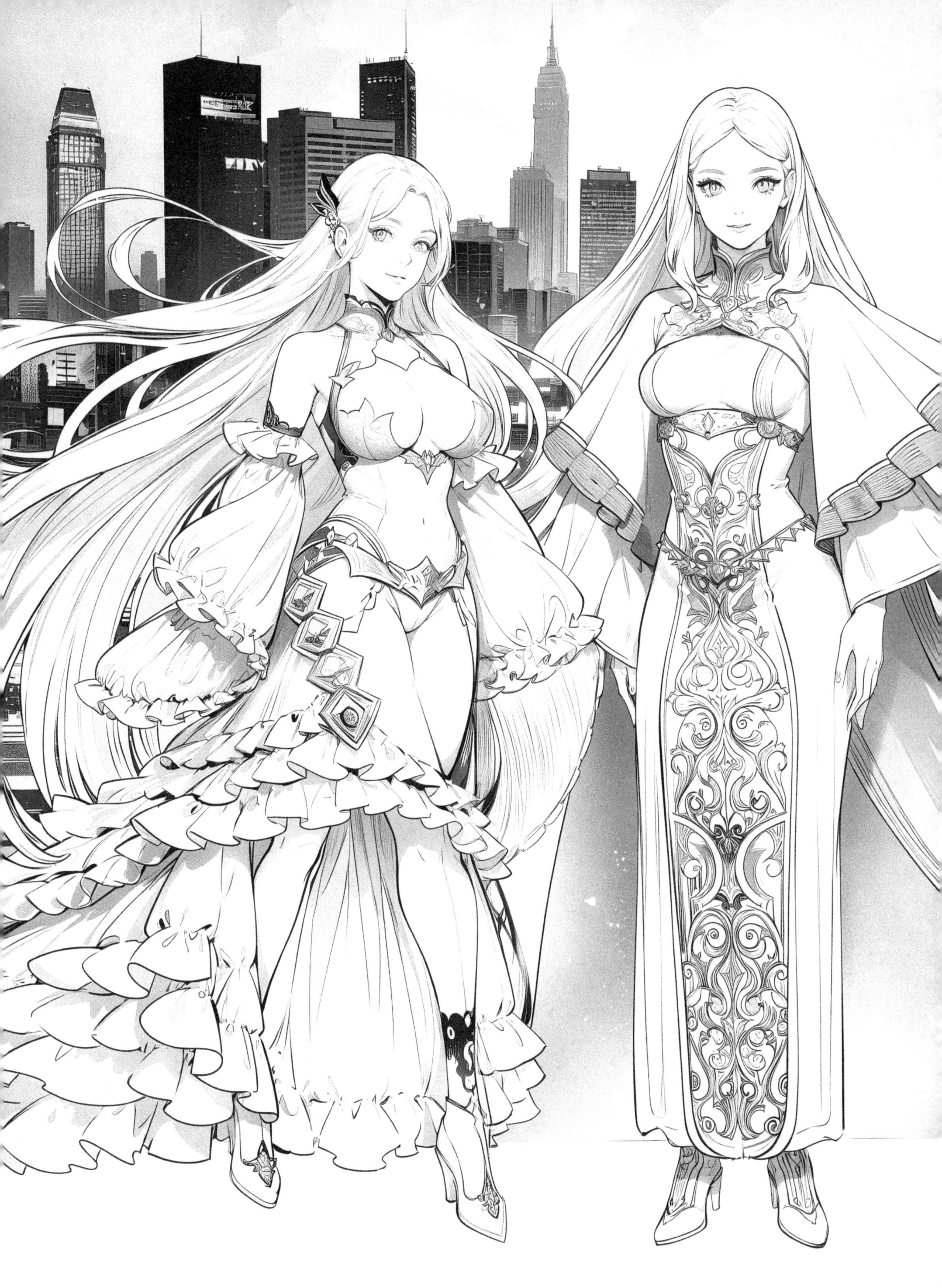

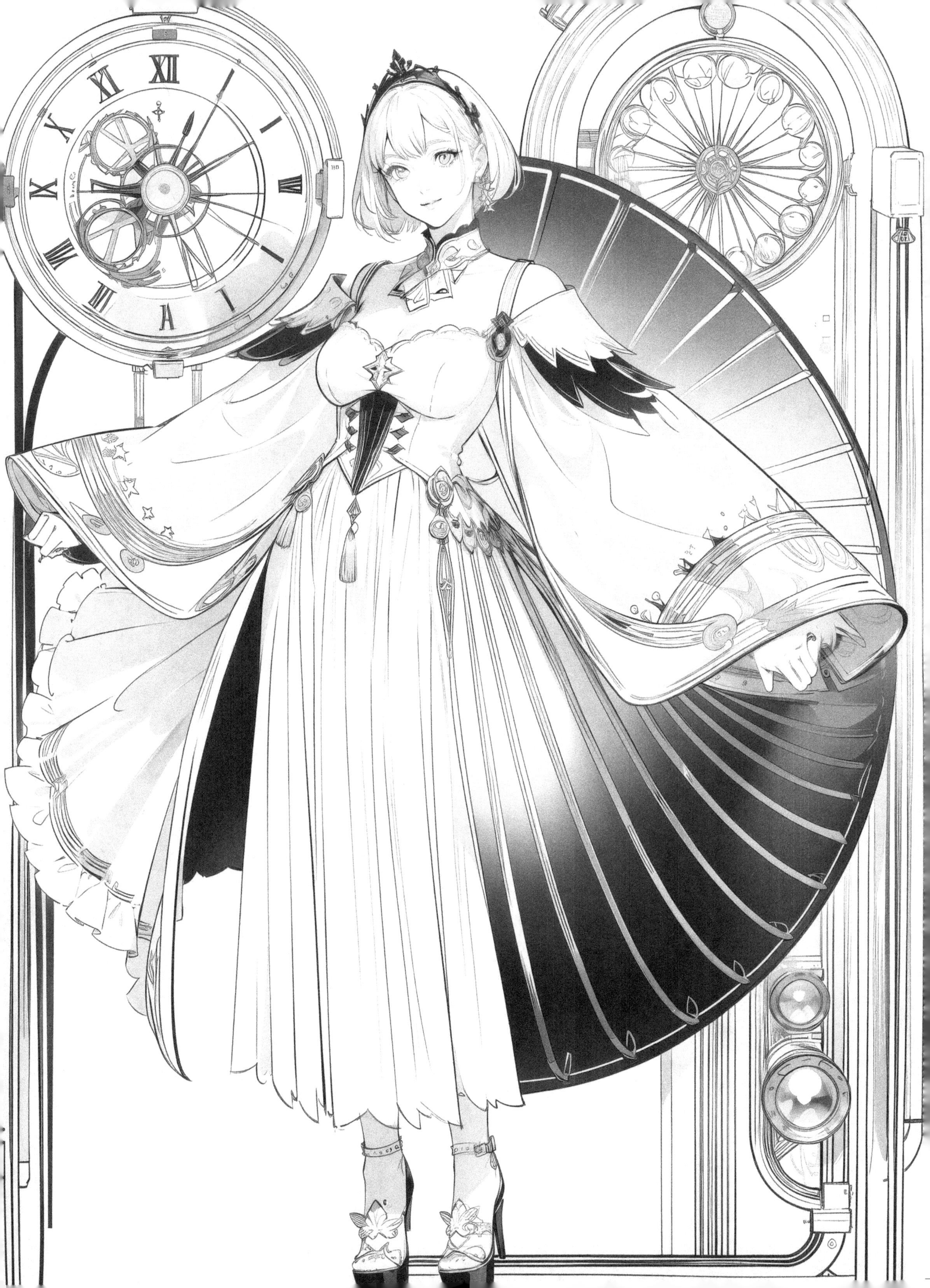

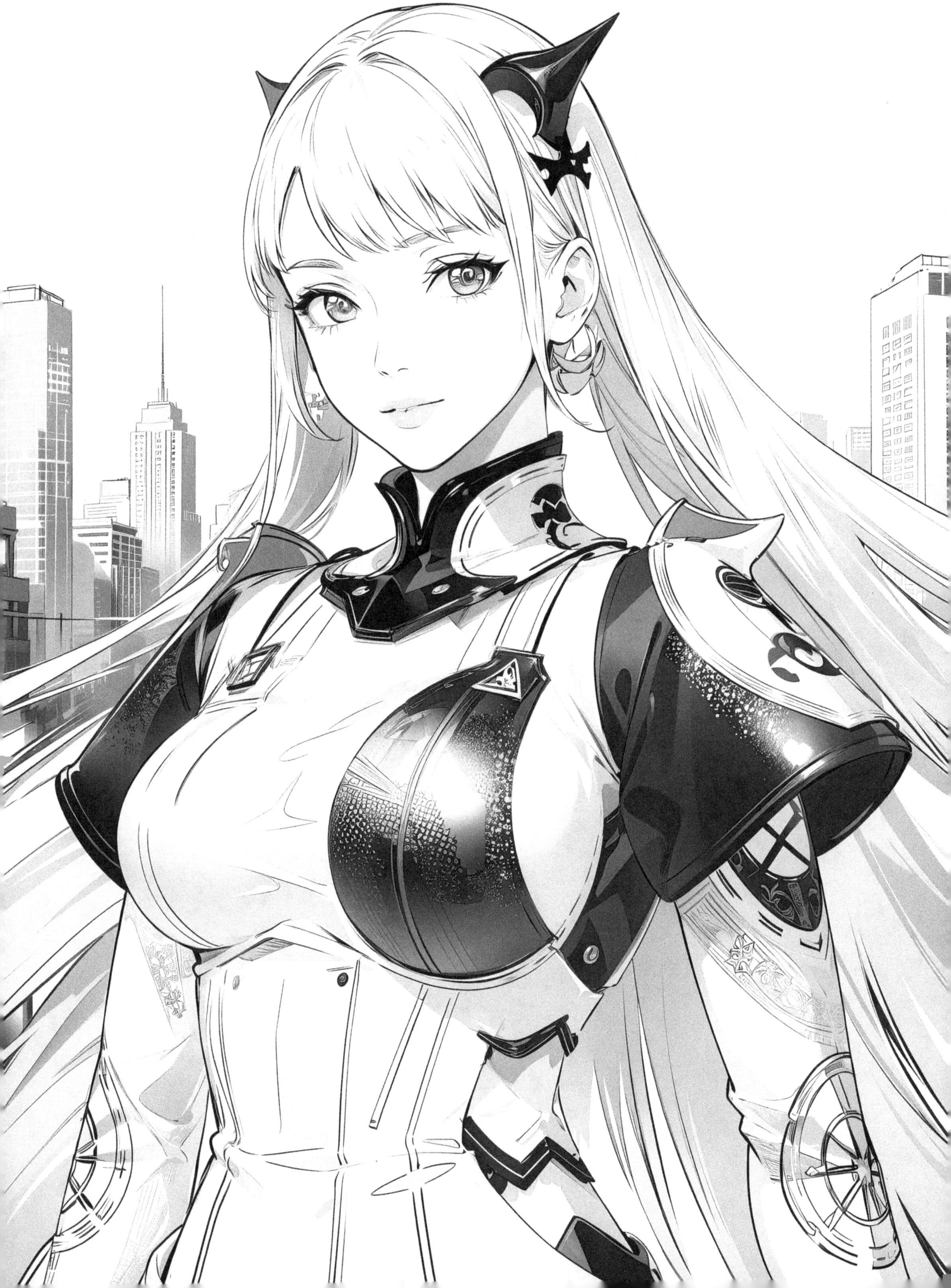

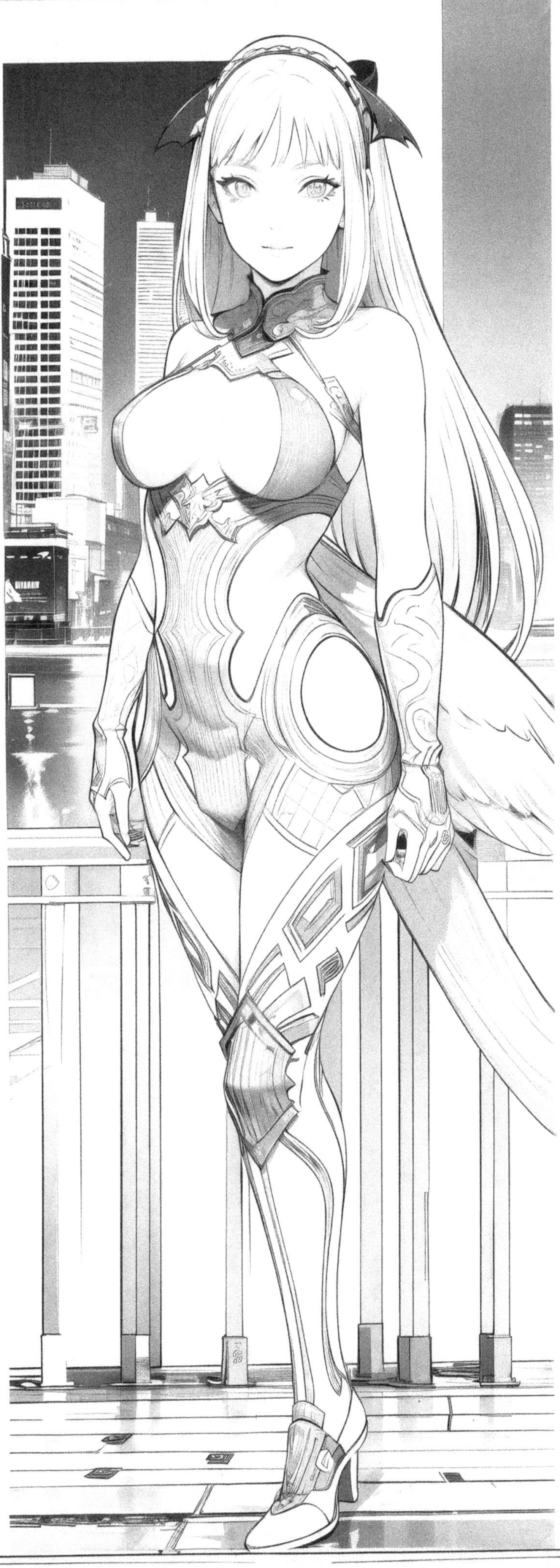
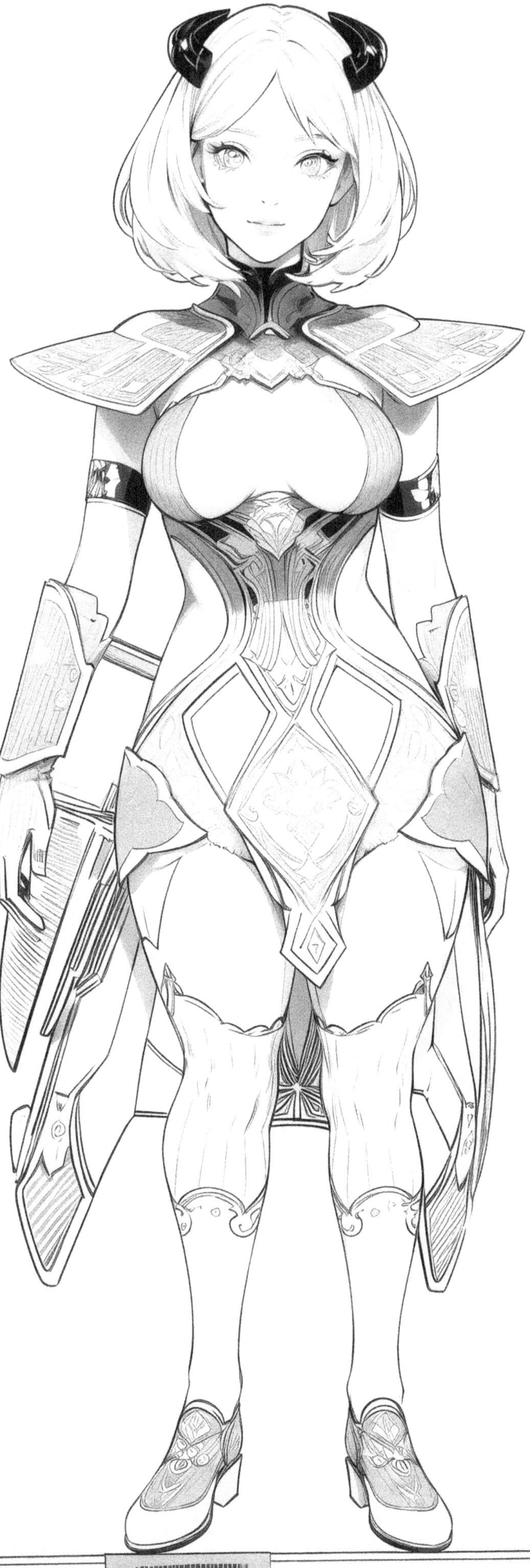

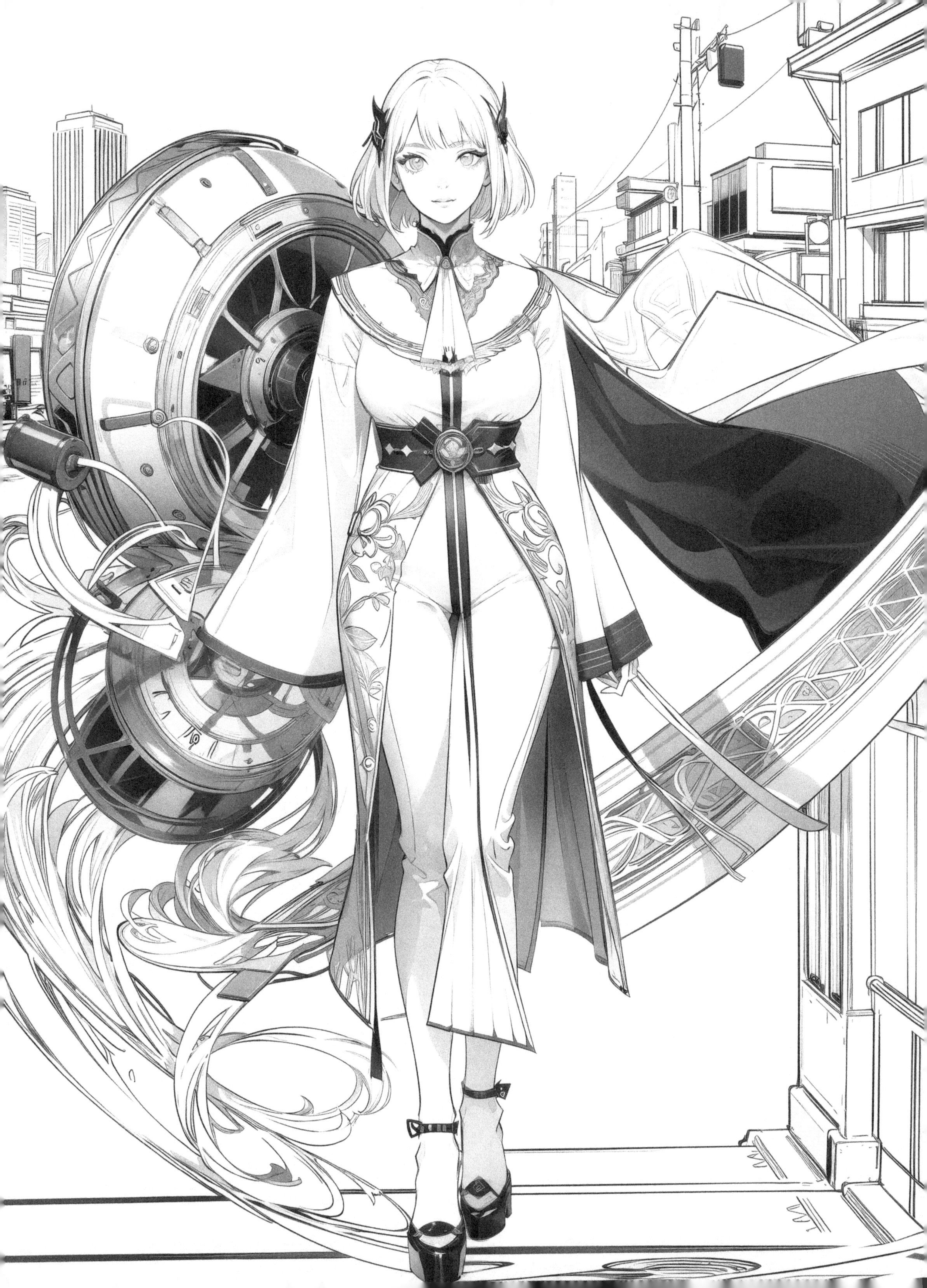

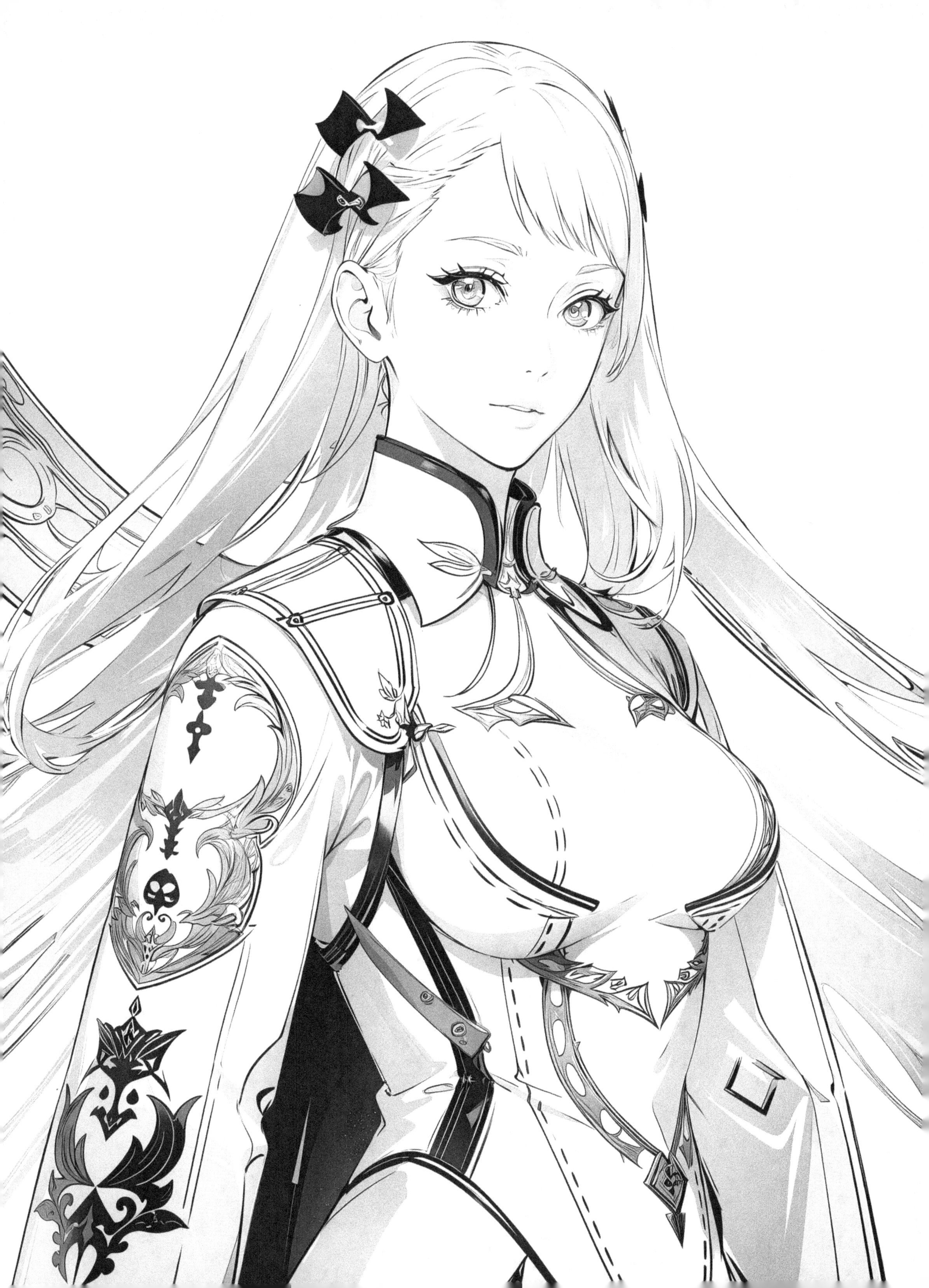

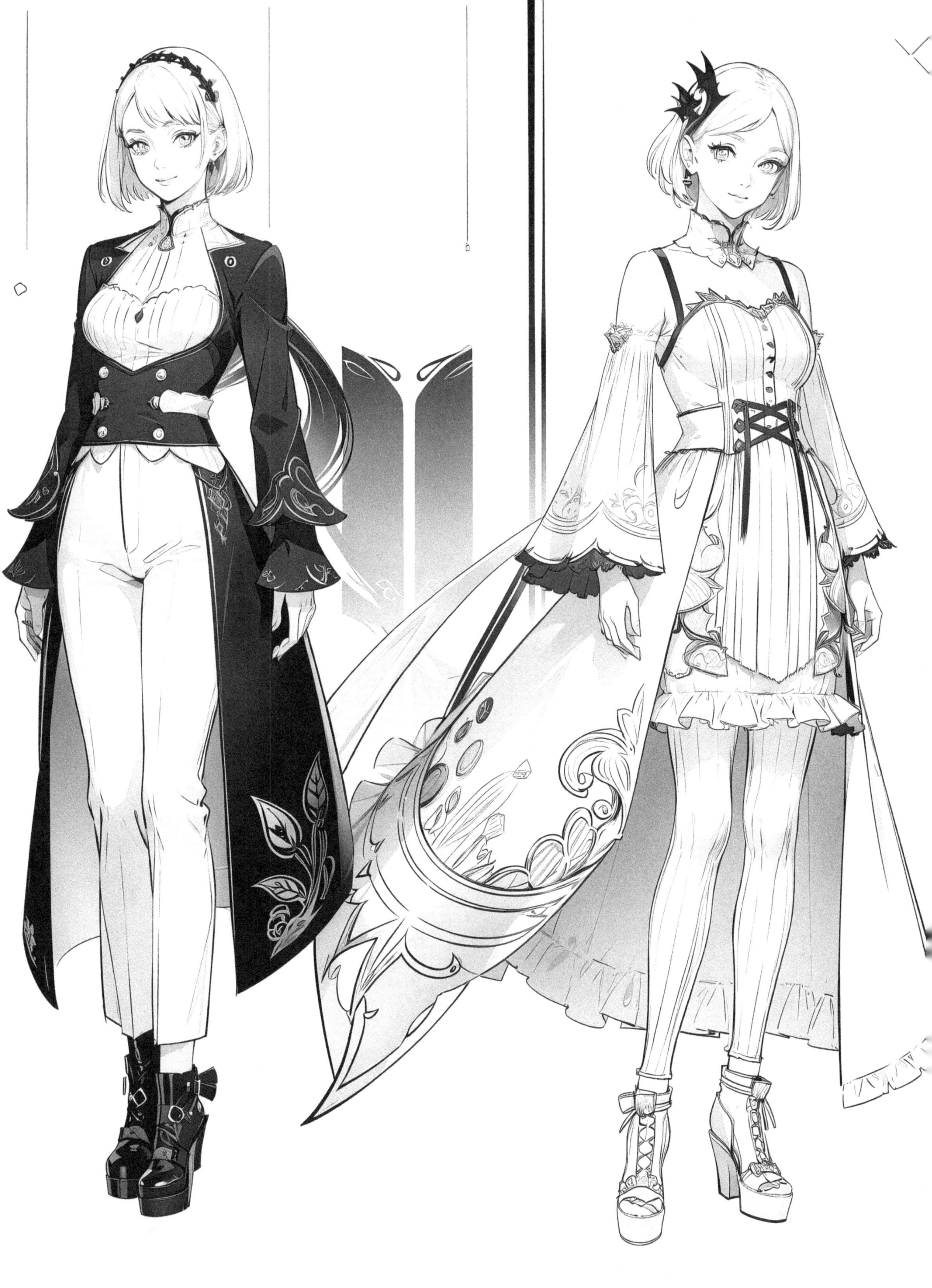

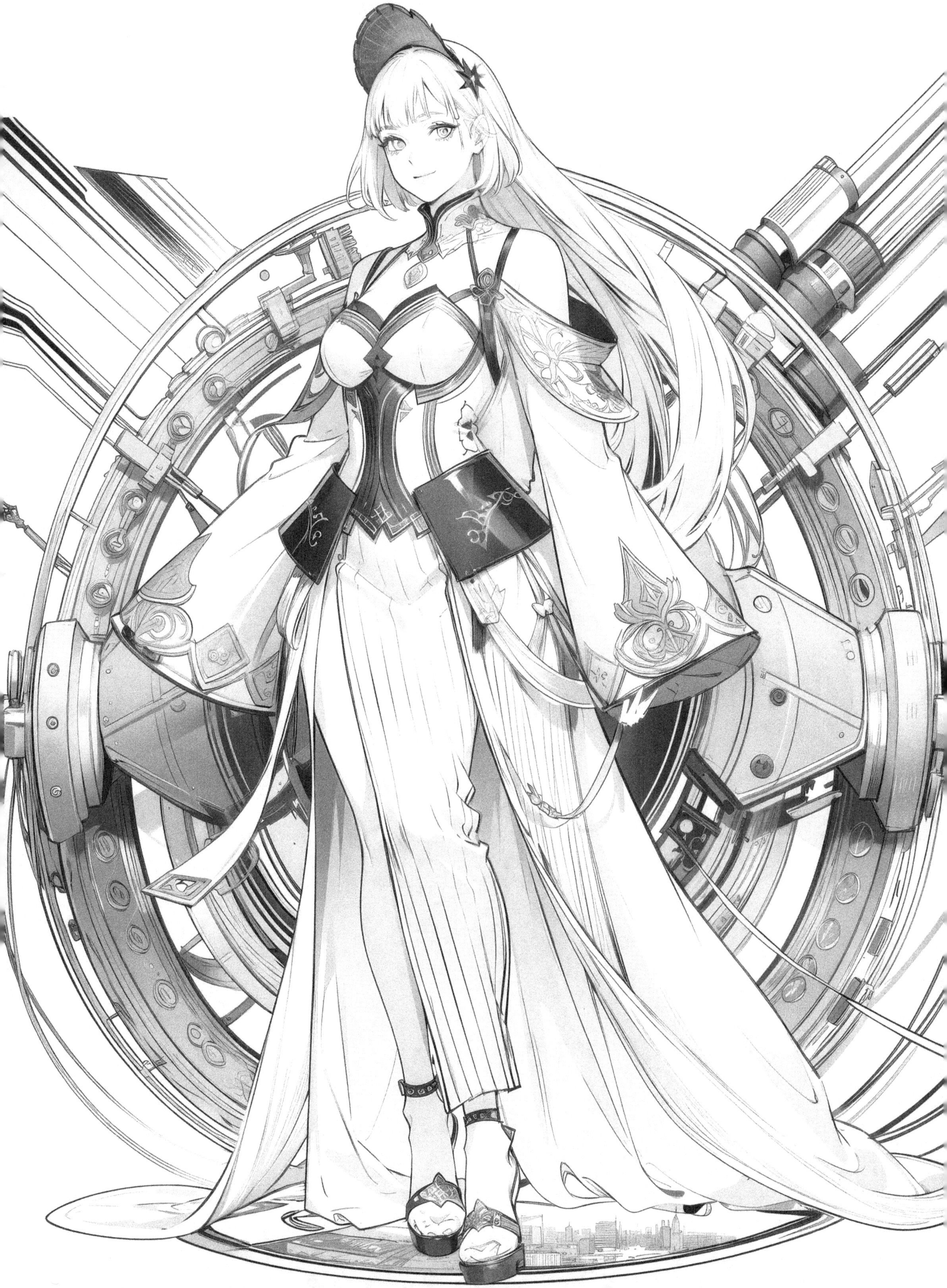

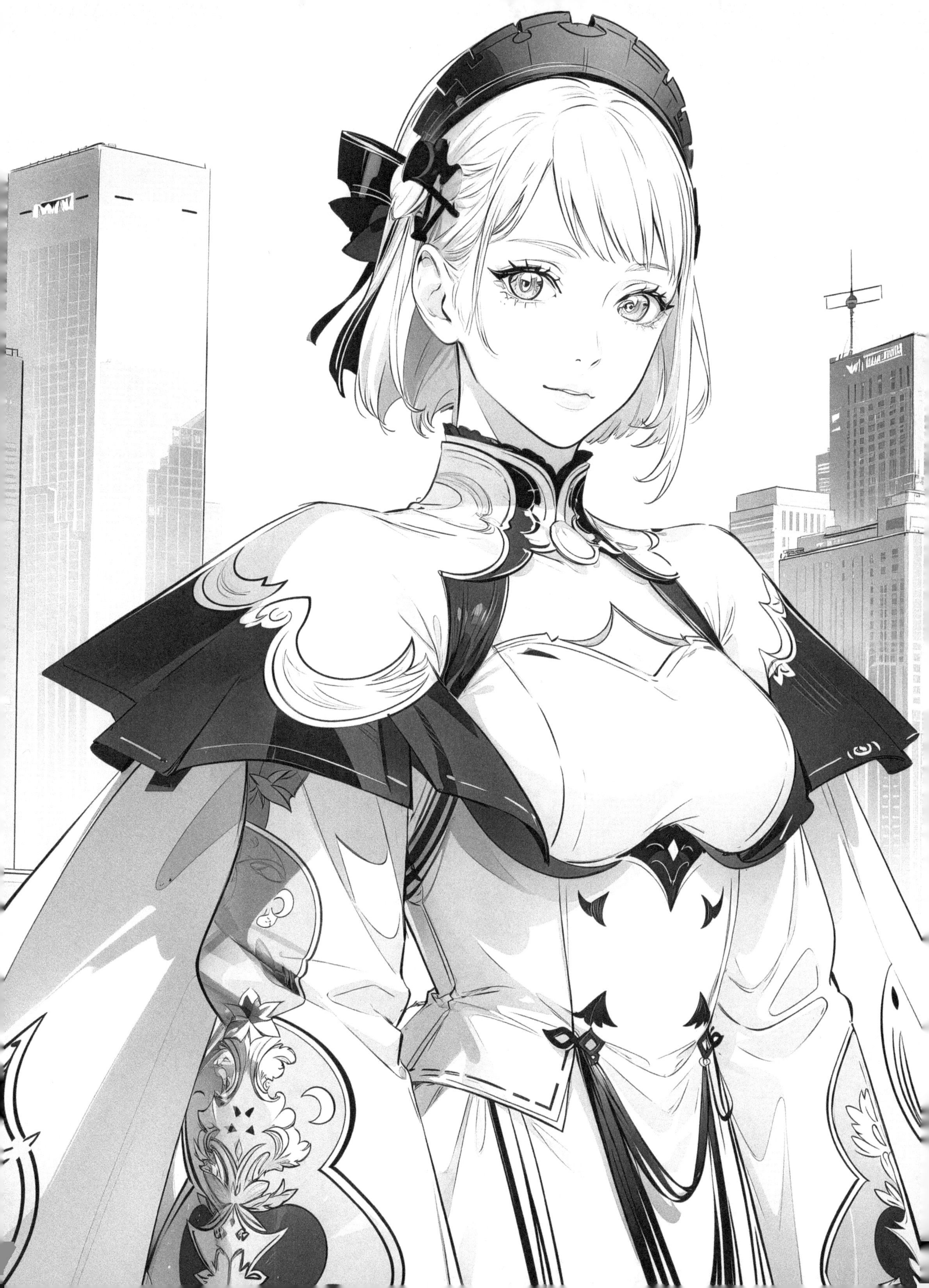

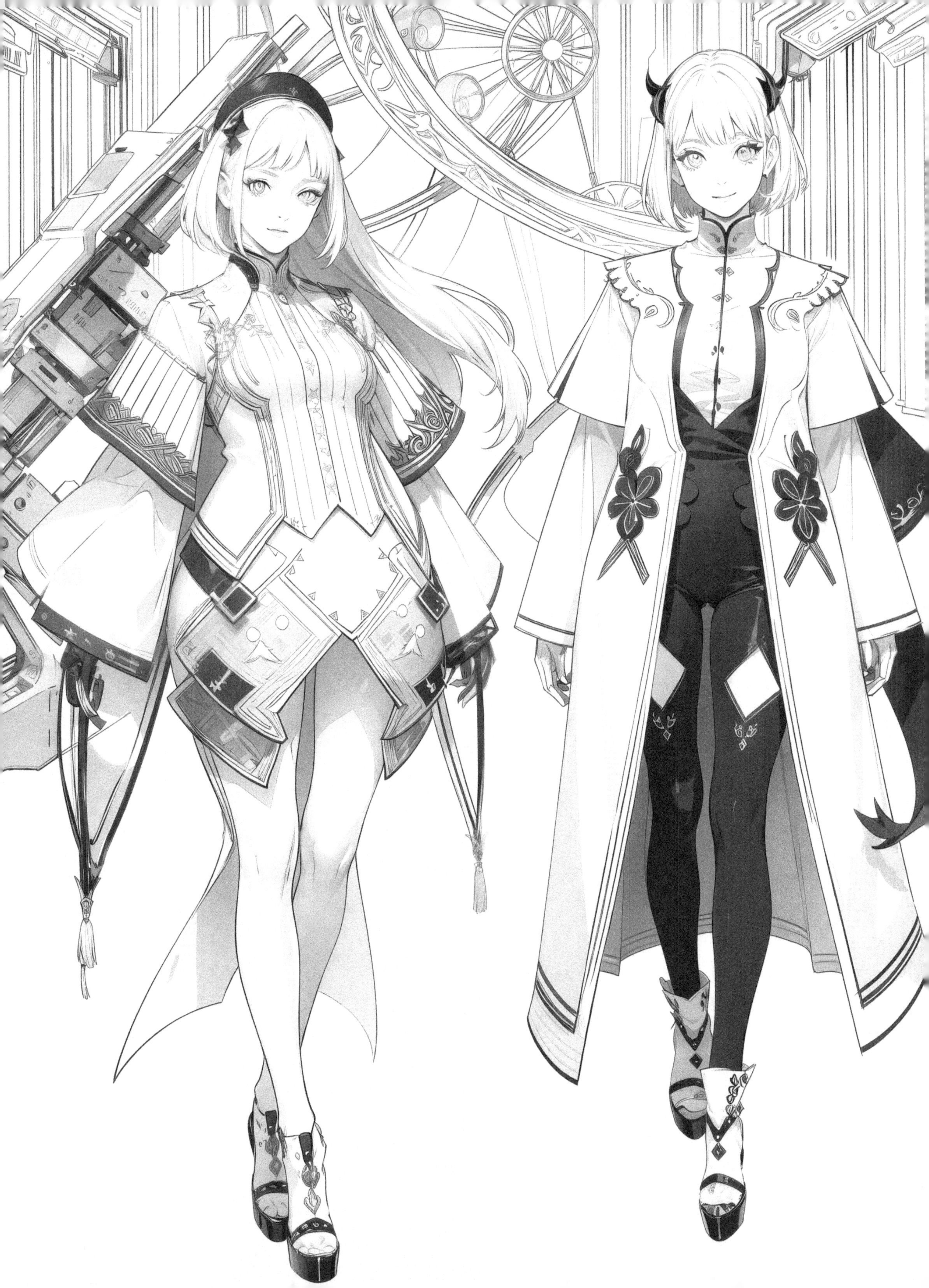

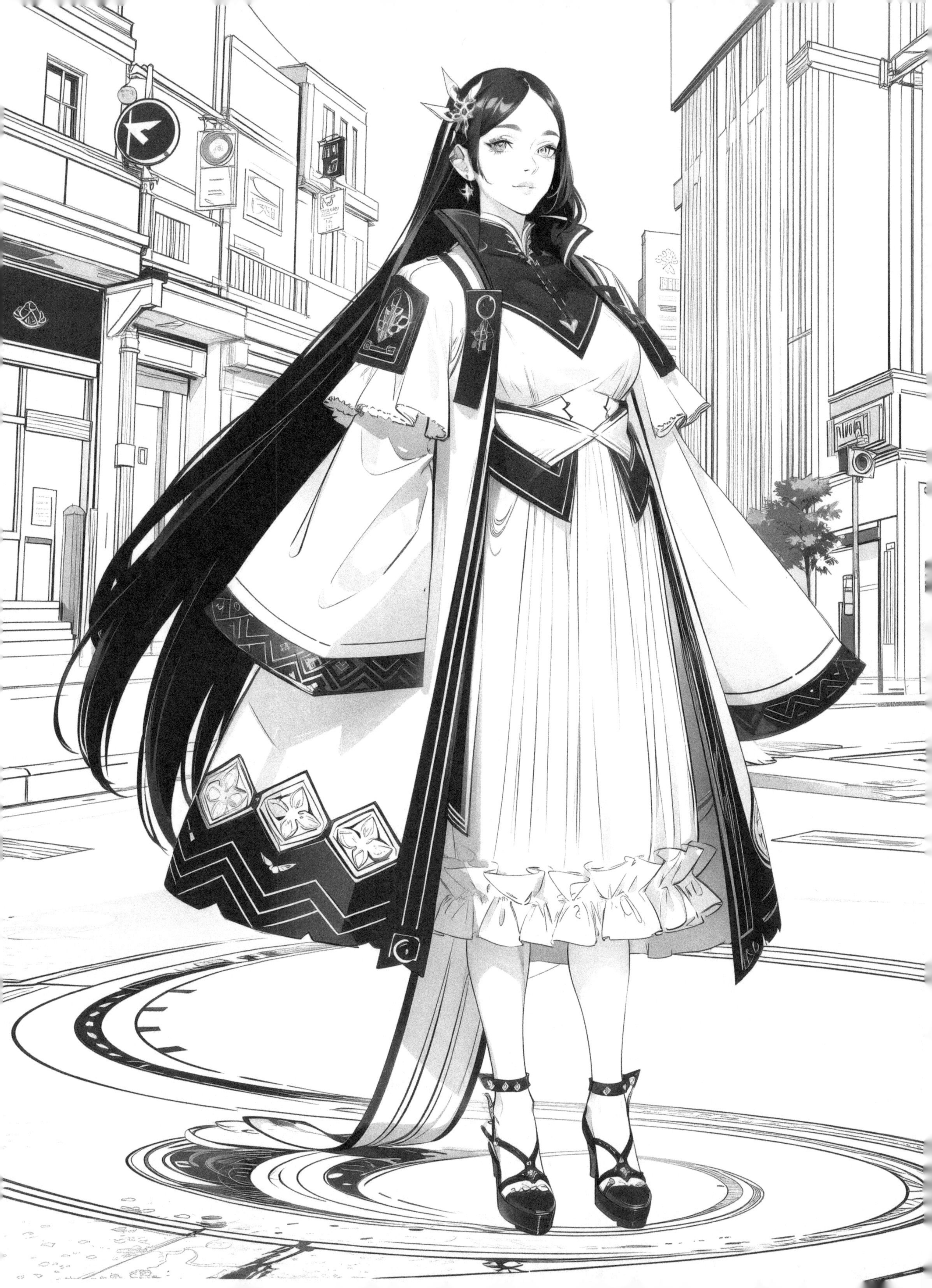

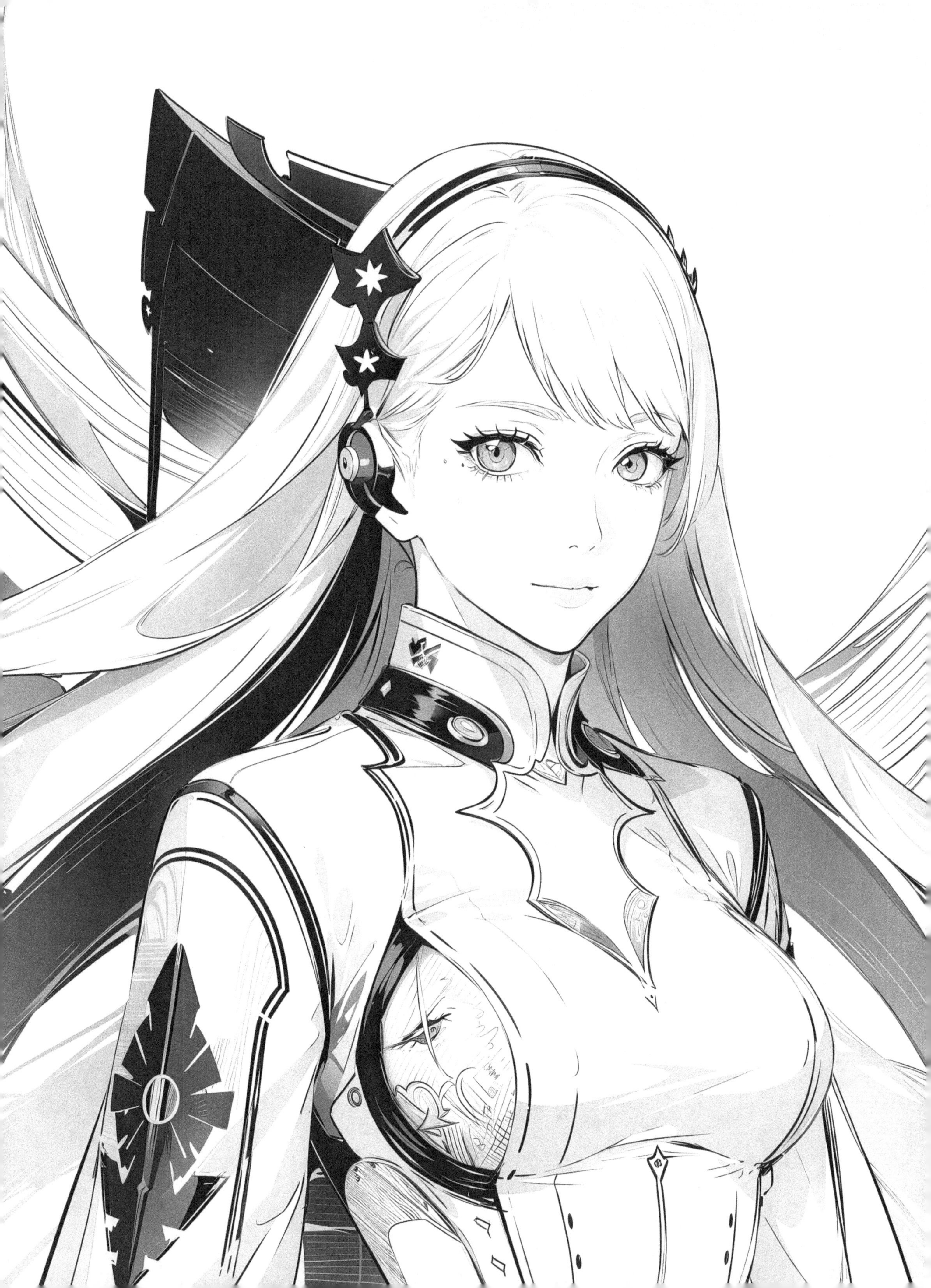

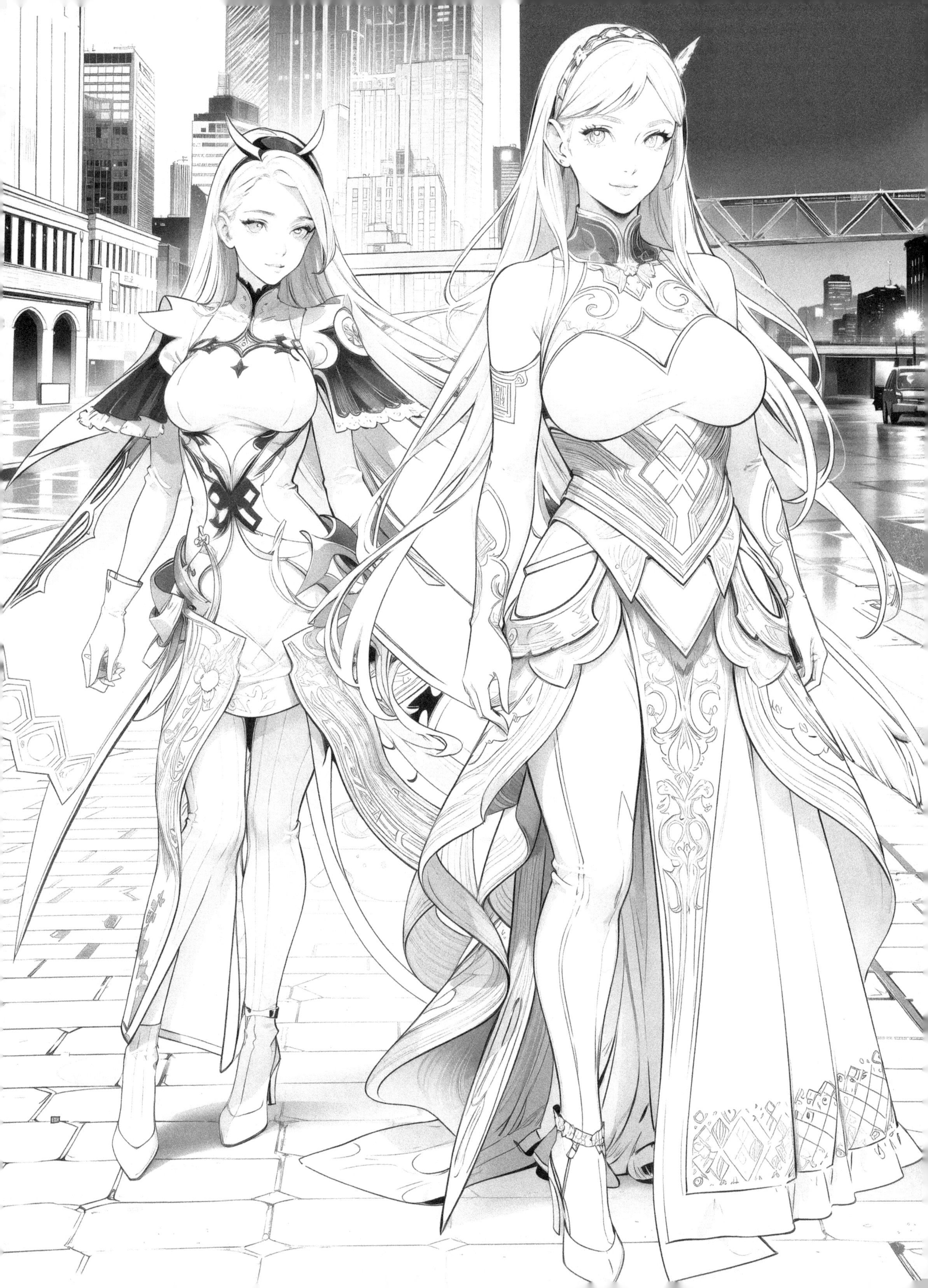

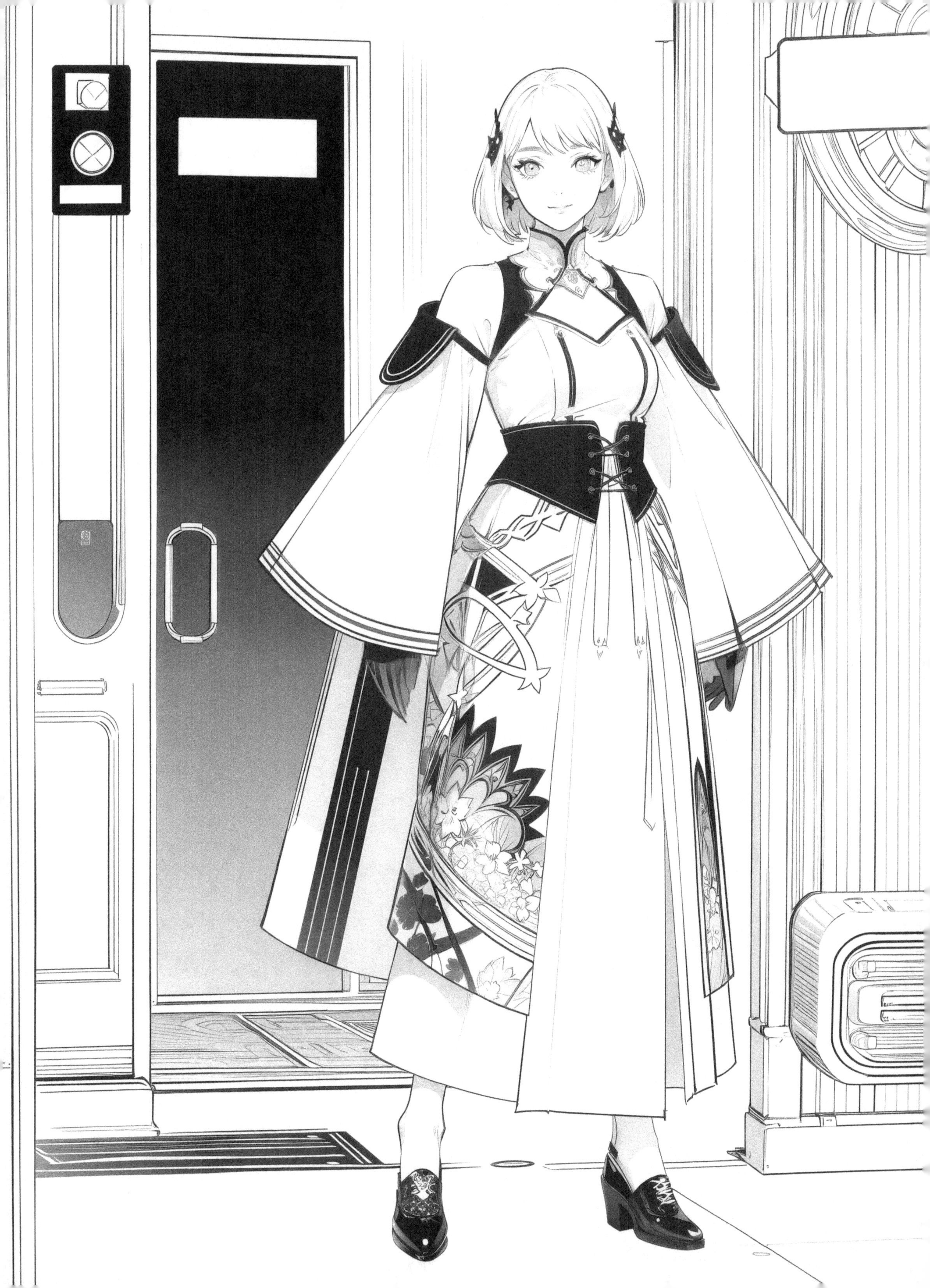

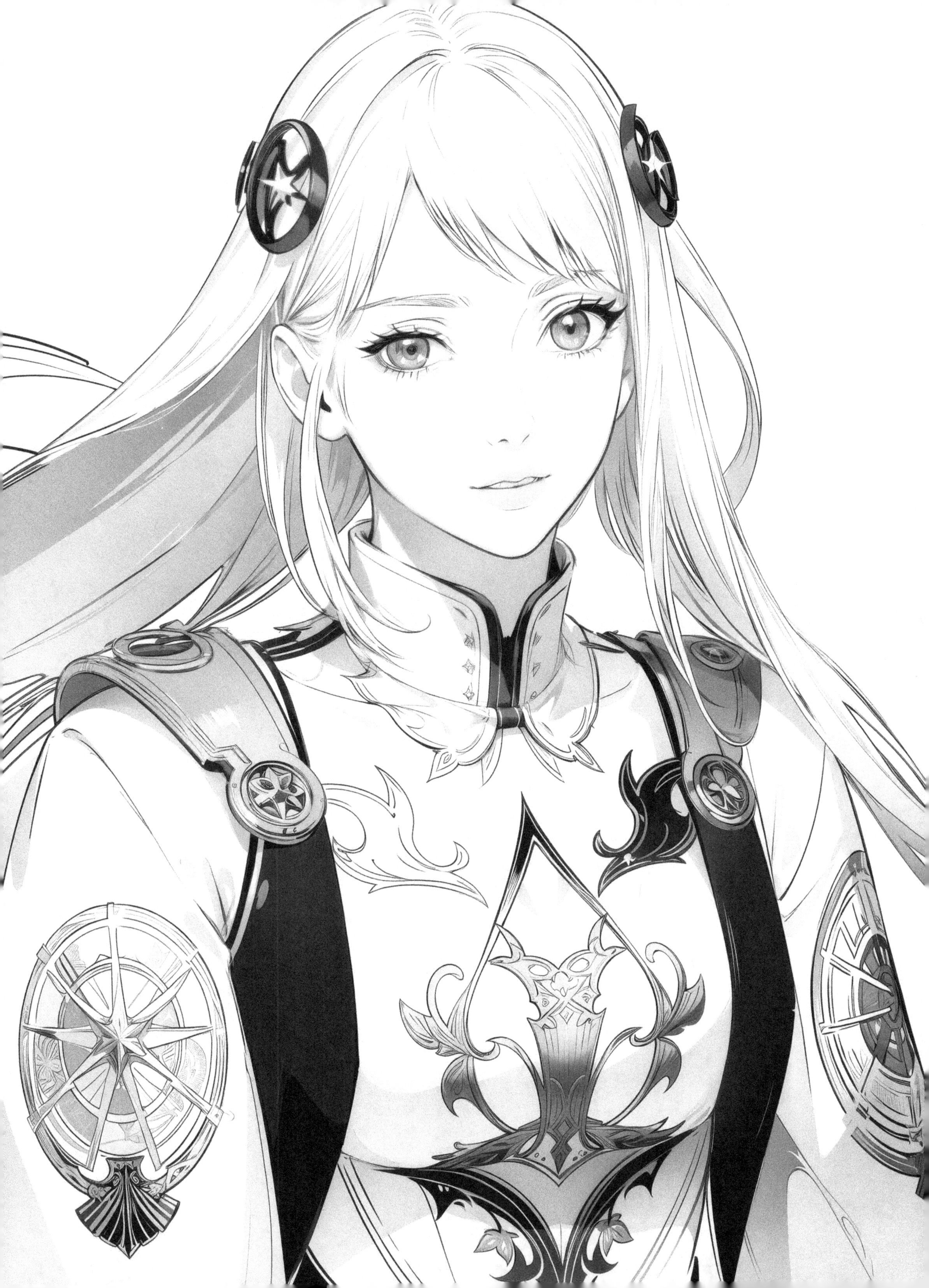

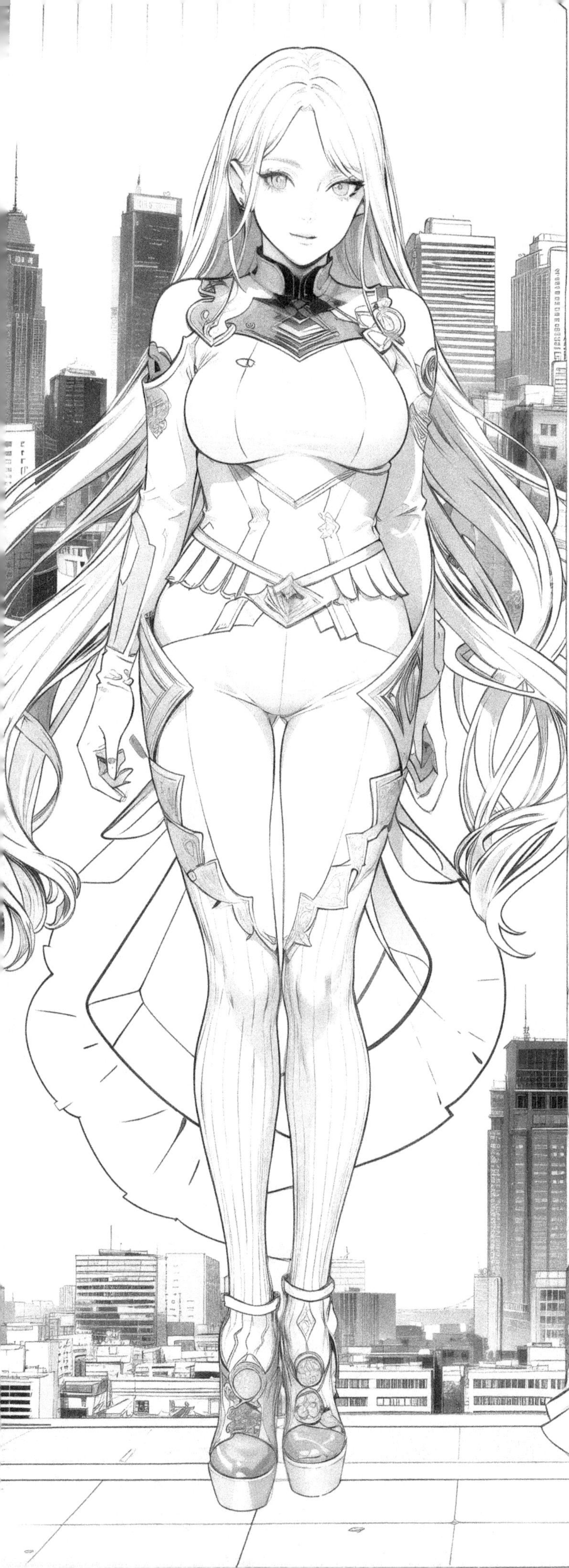

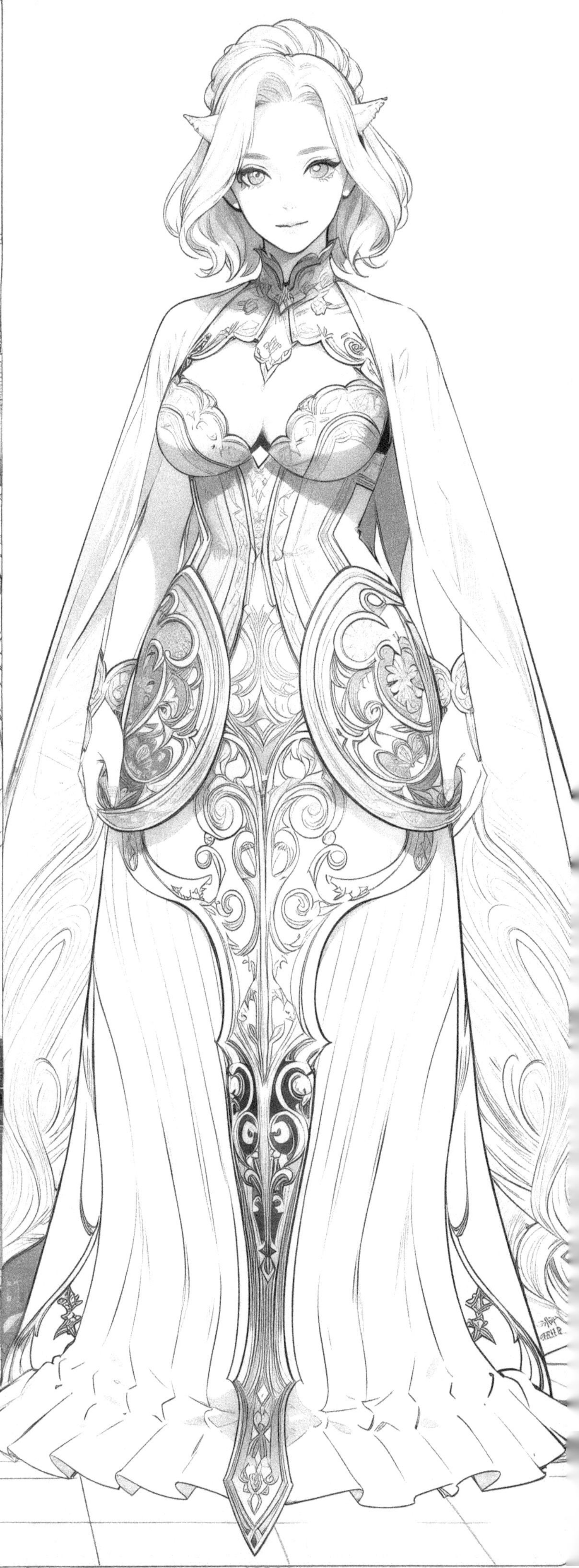

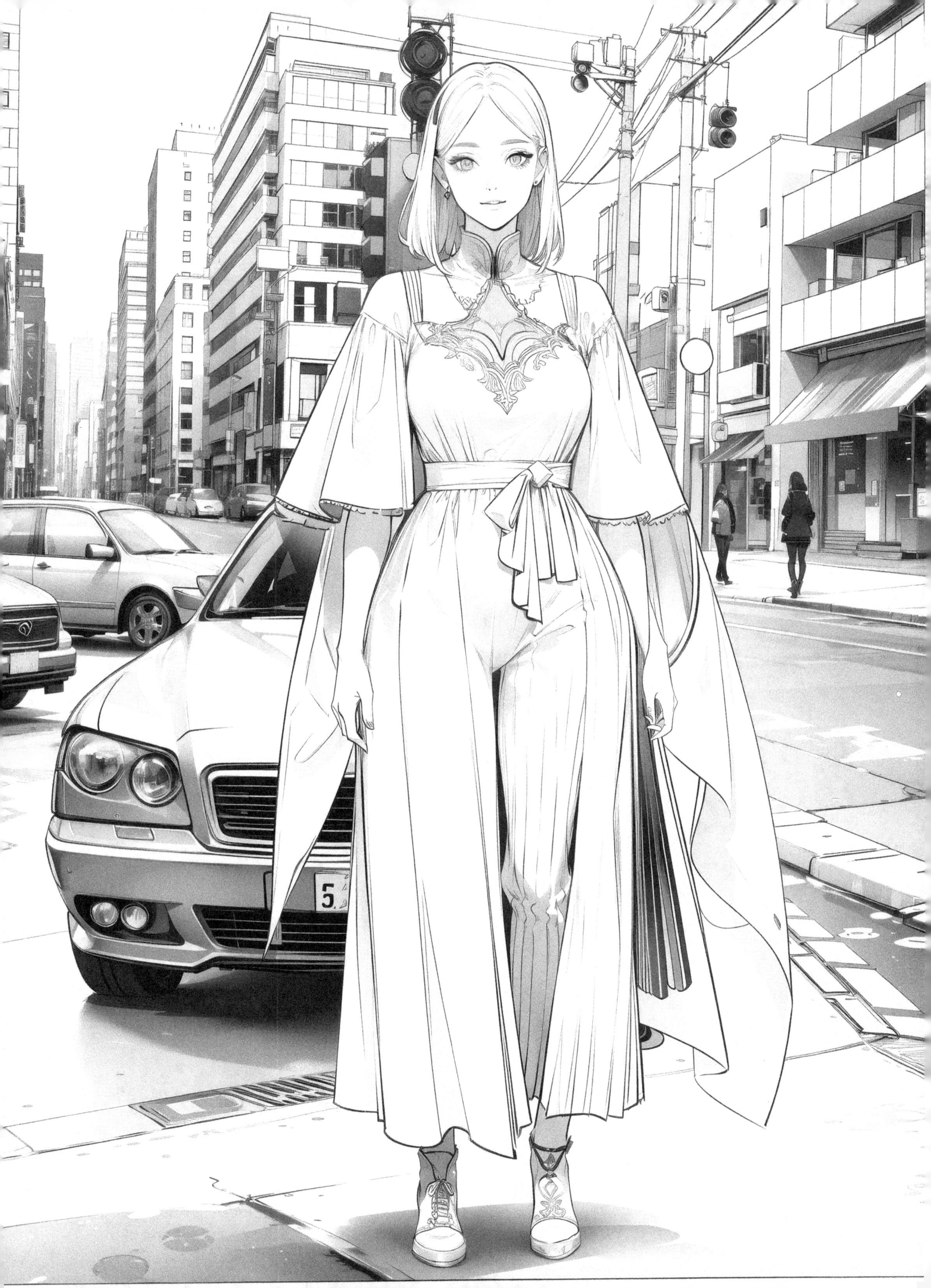
5

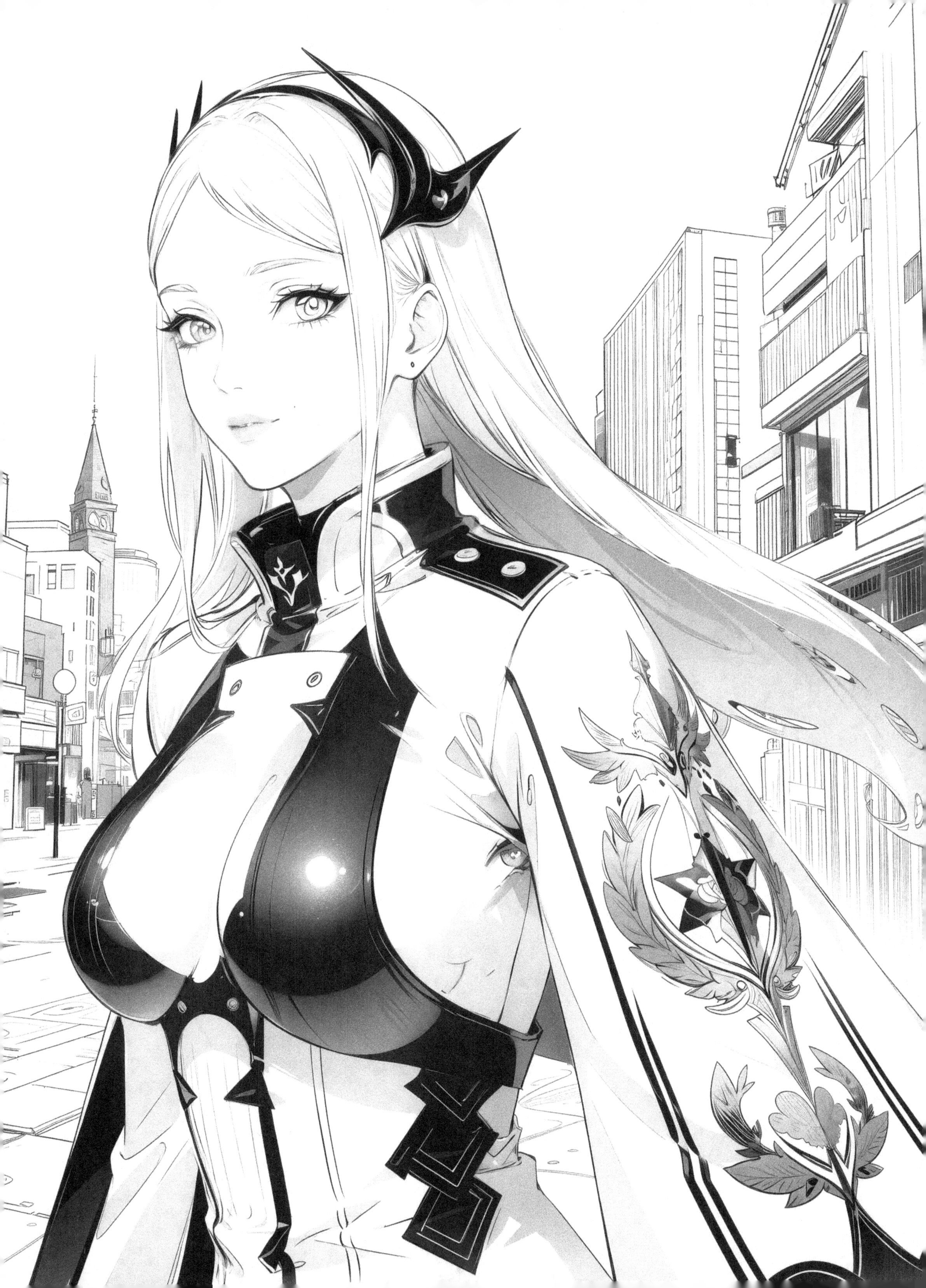

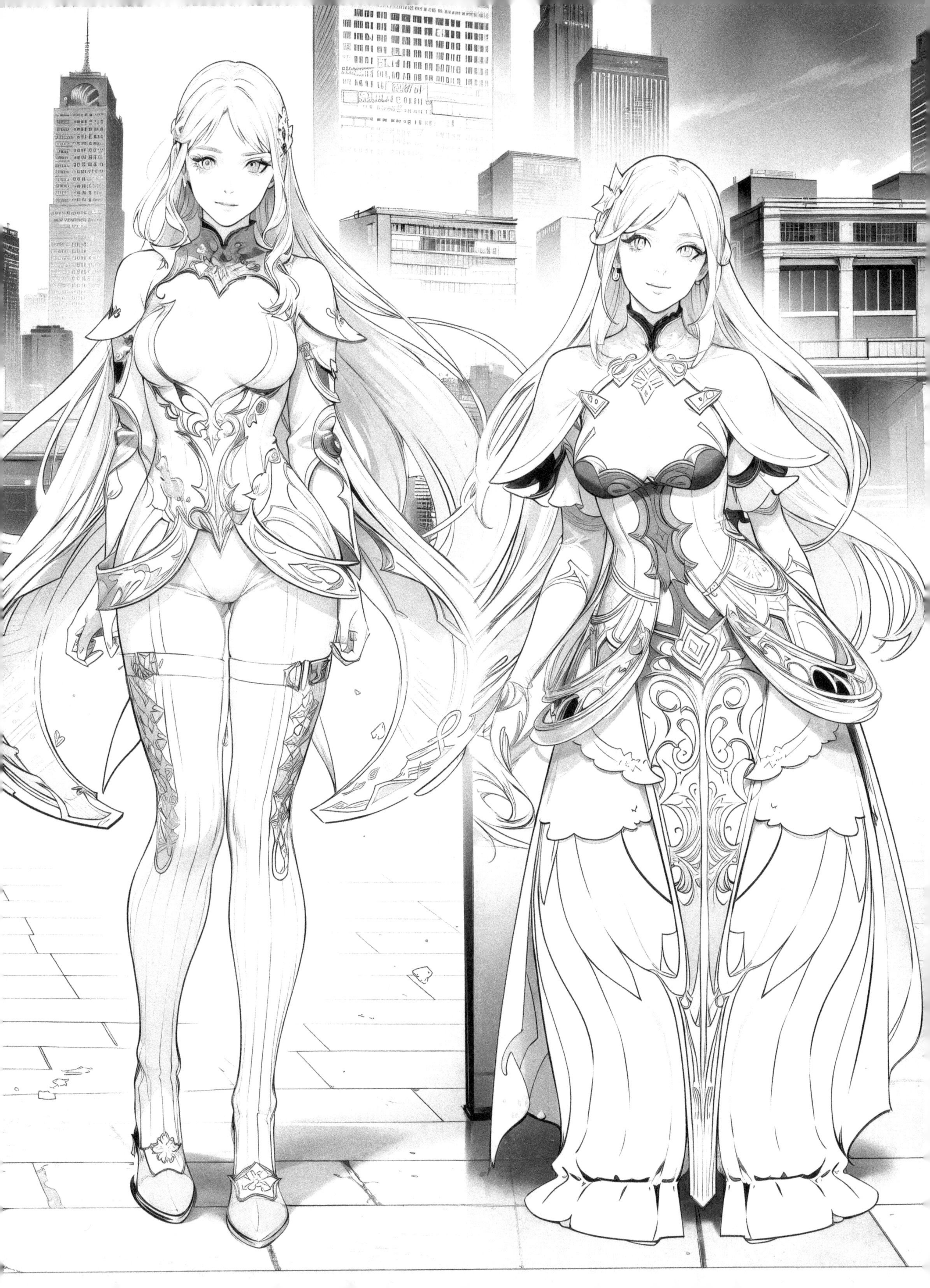

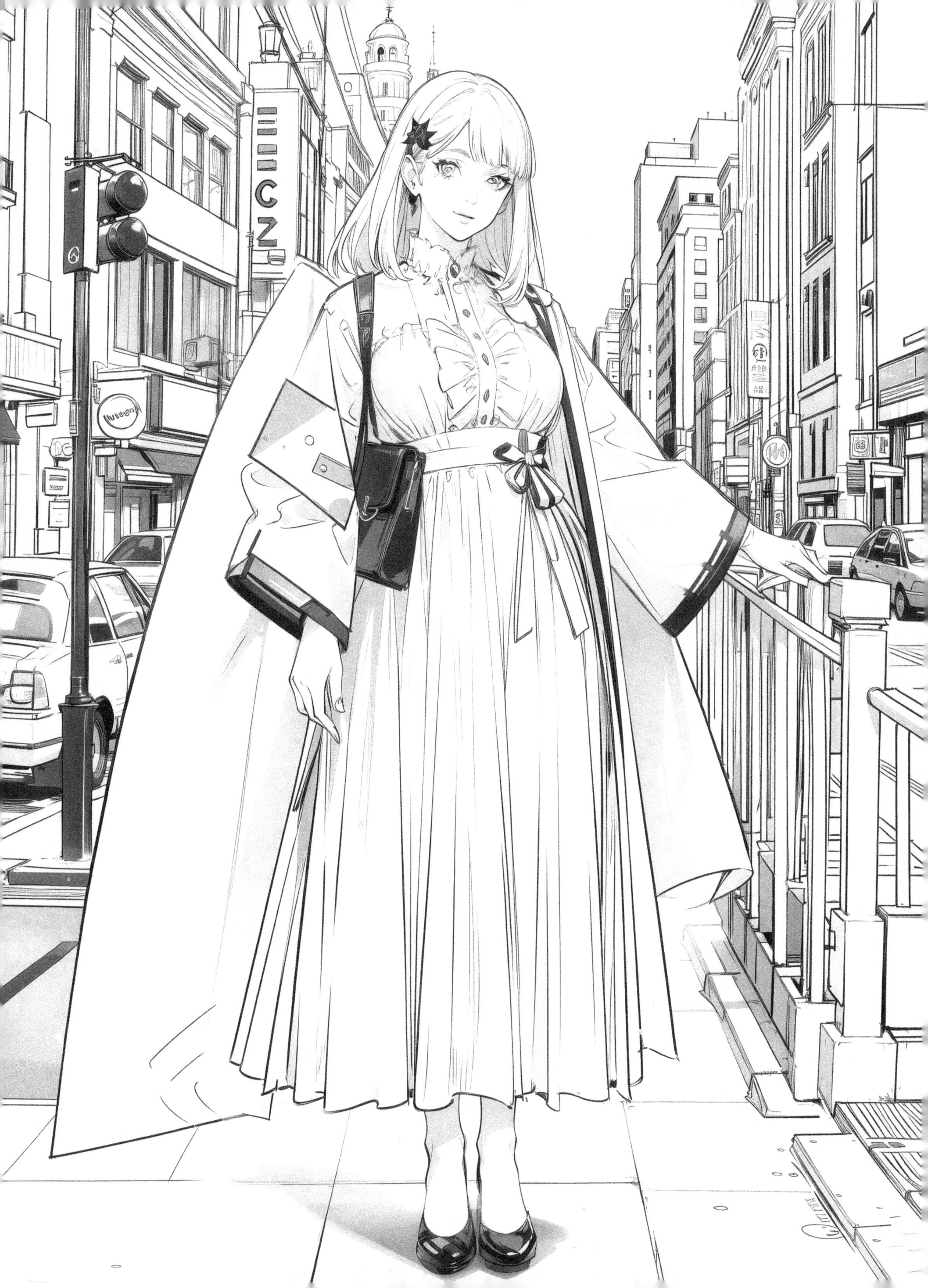

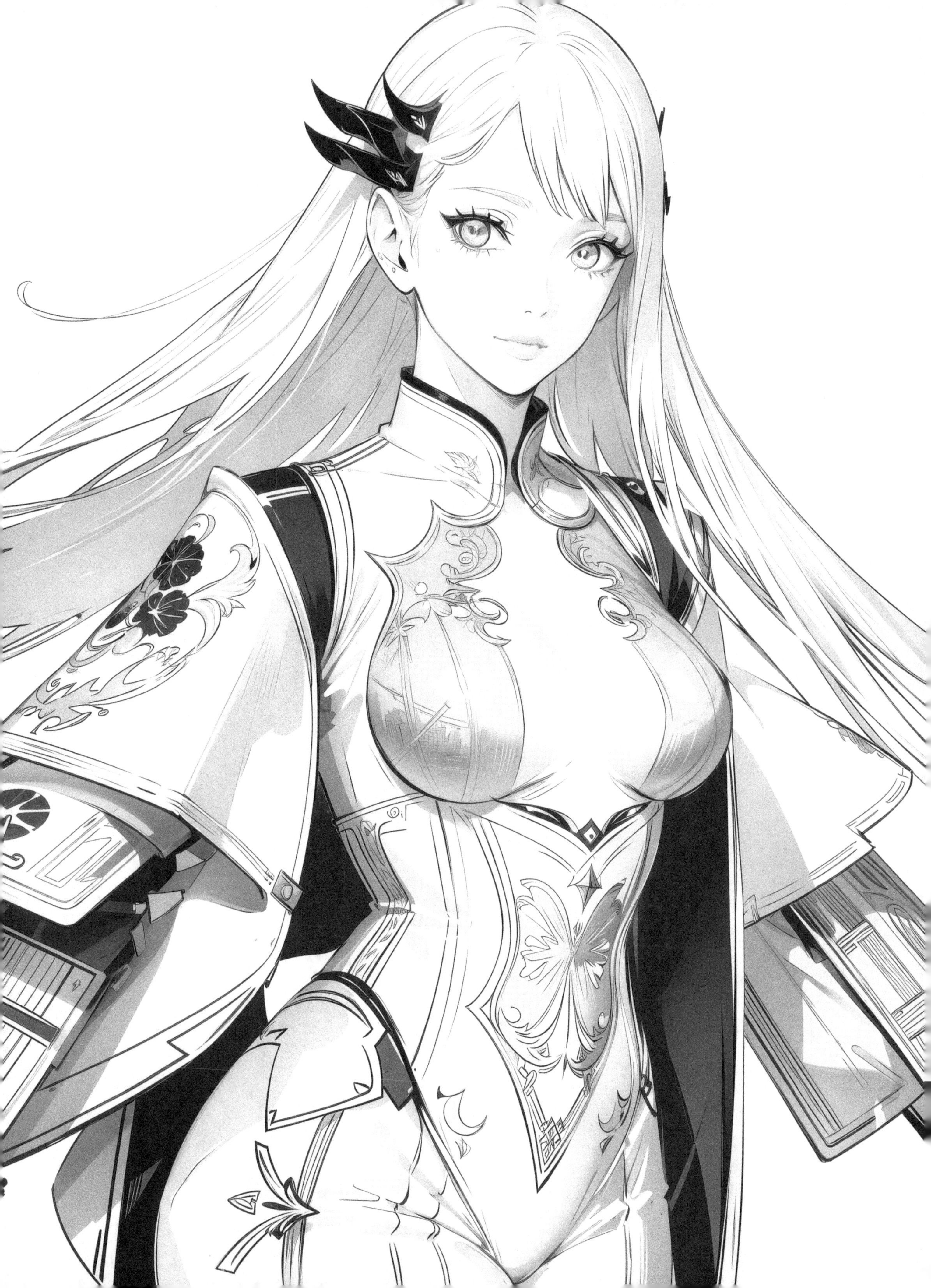

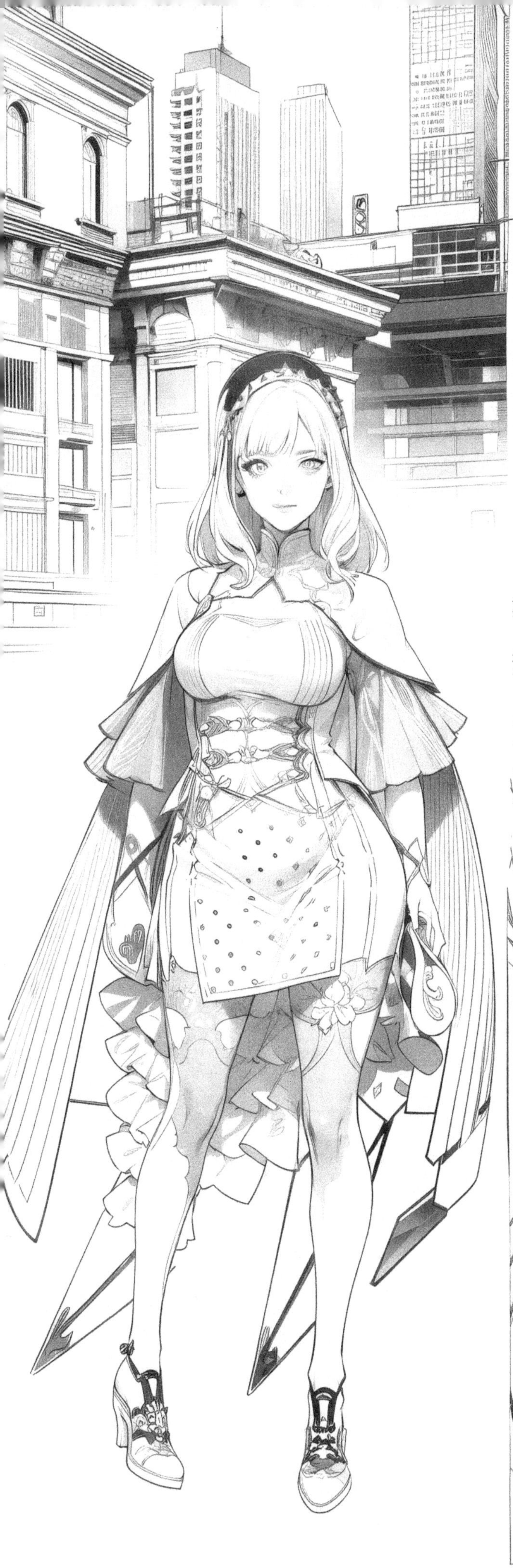

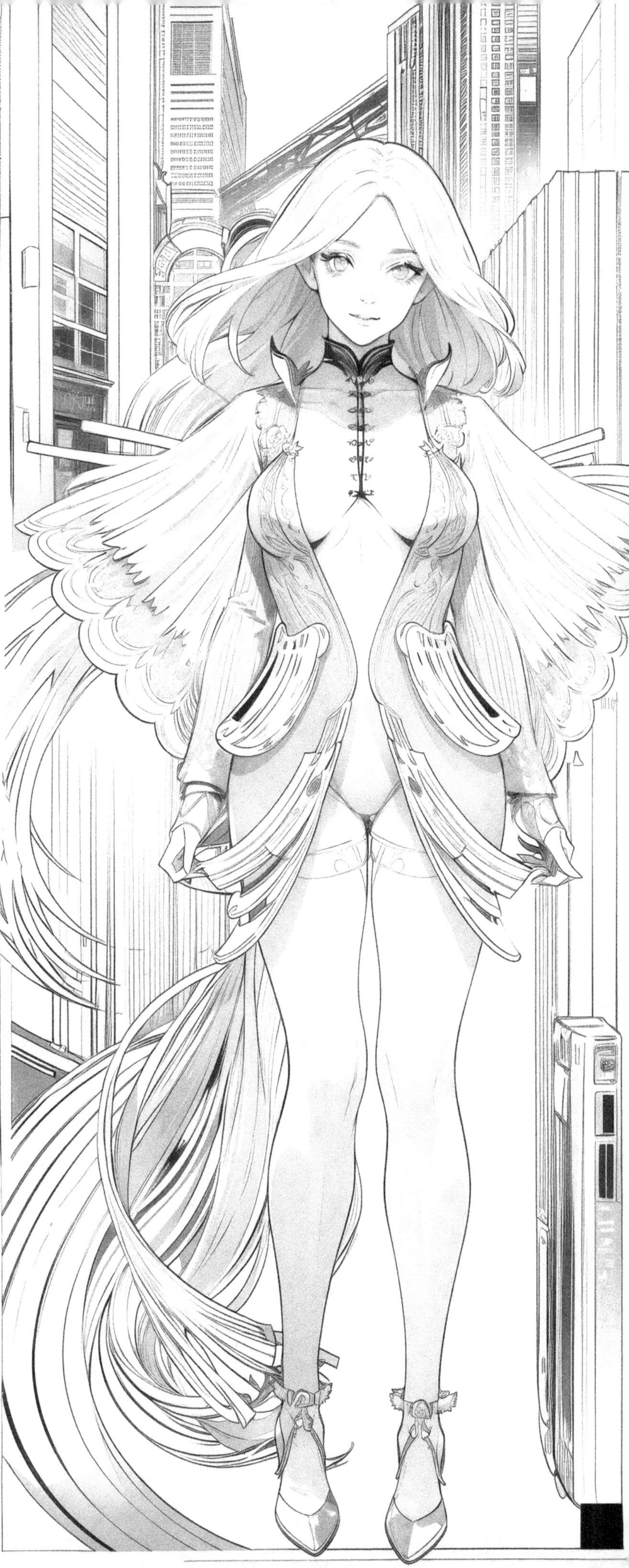

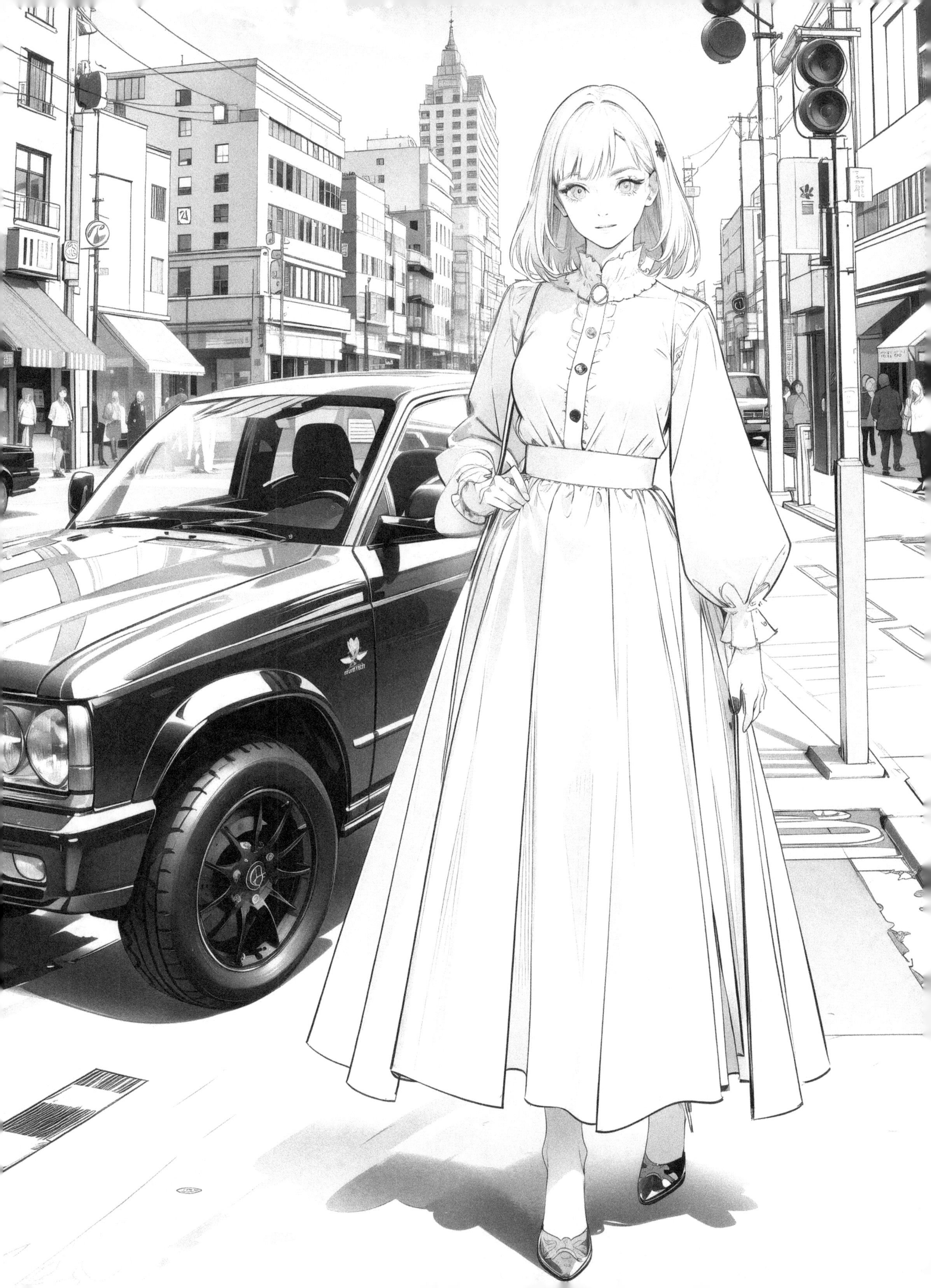

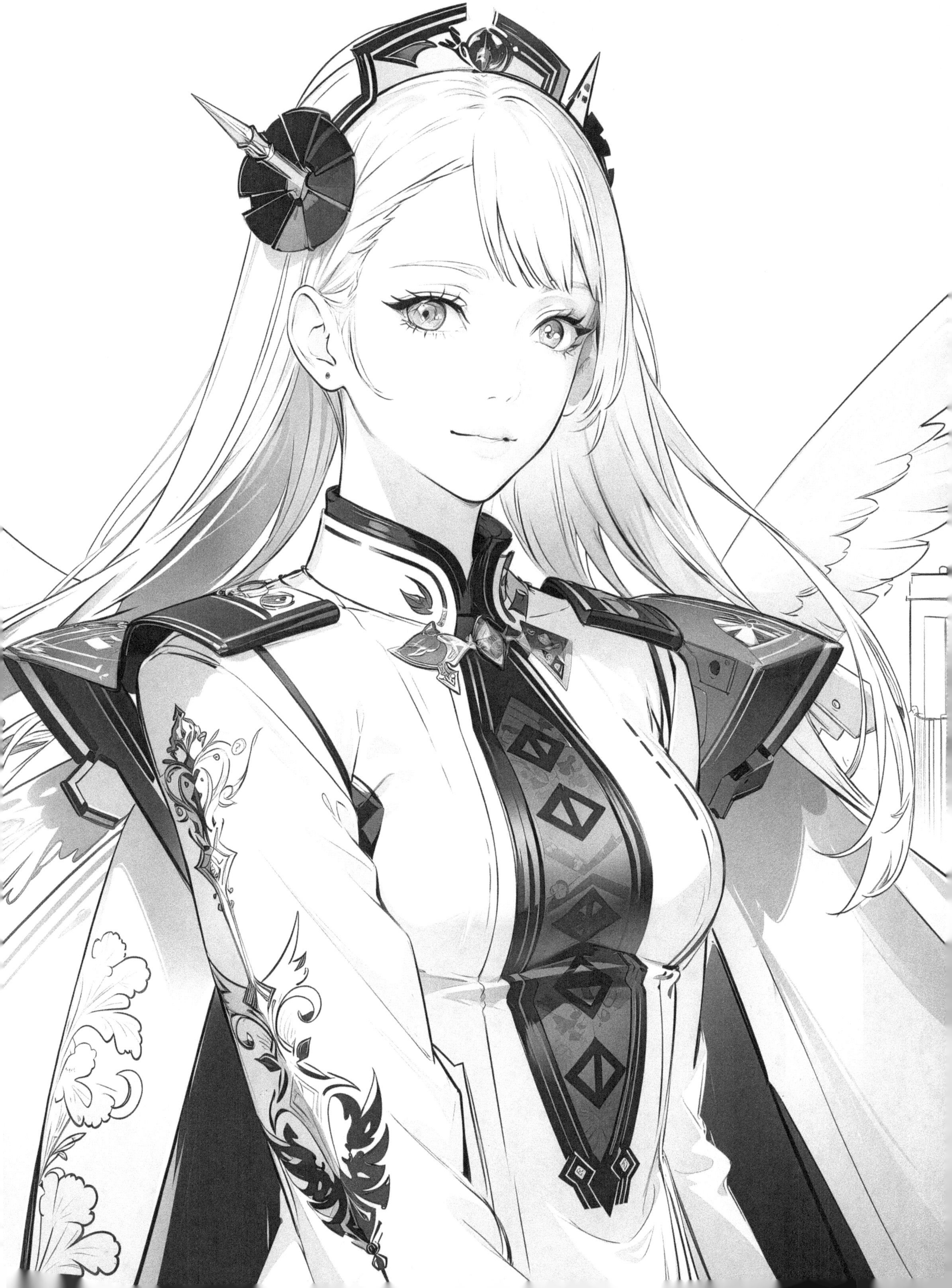

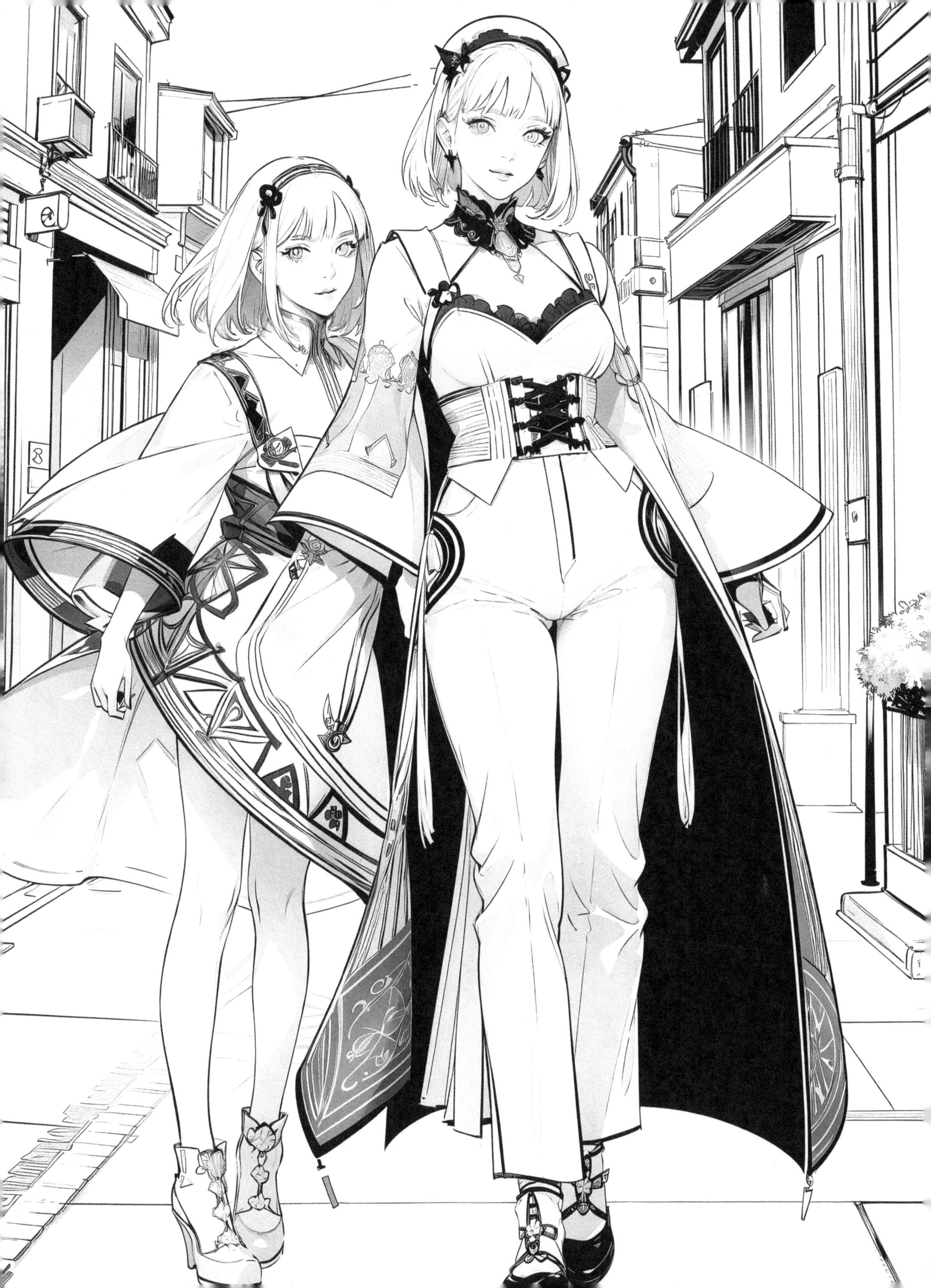

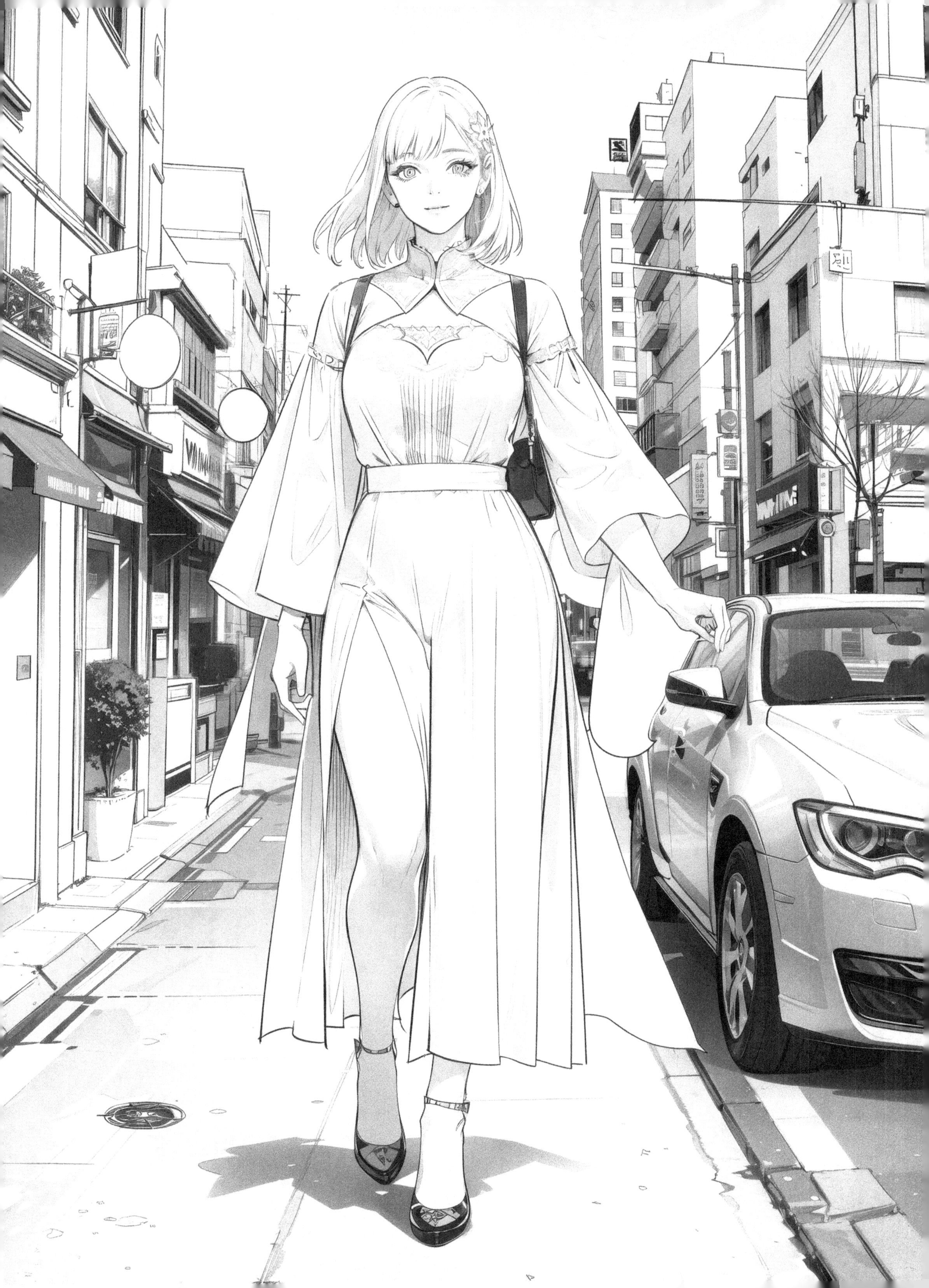

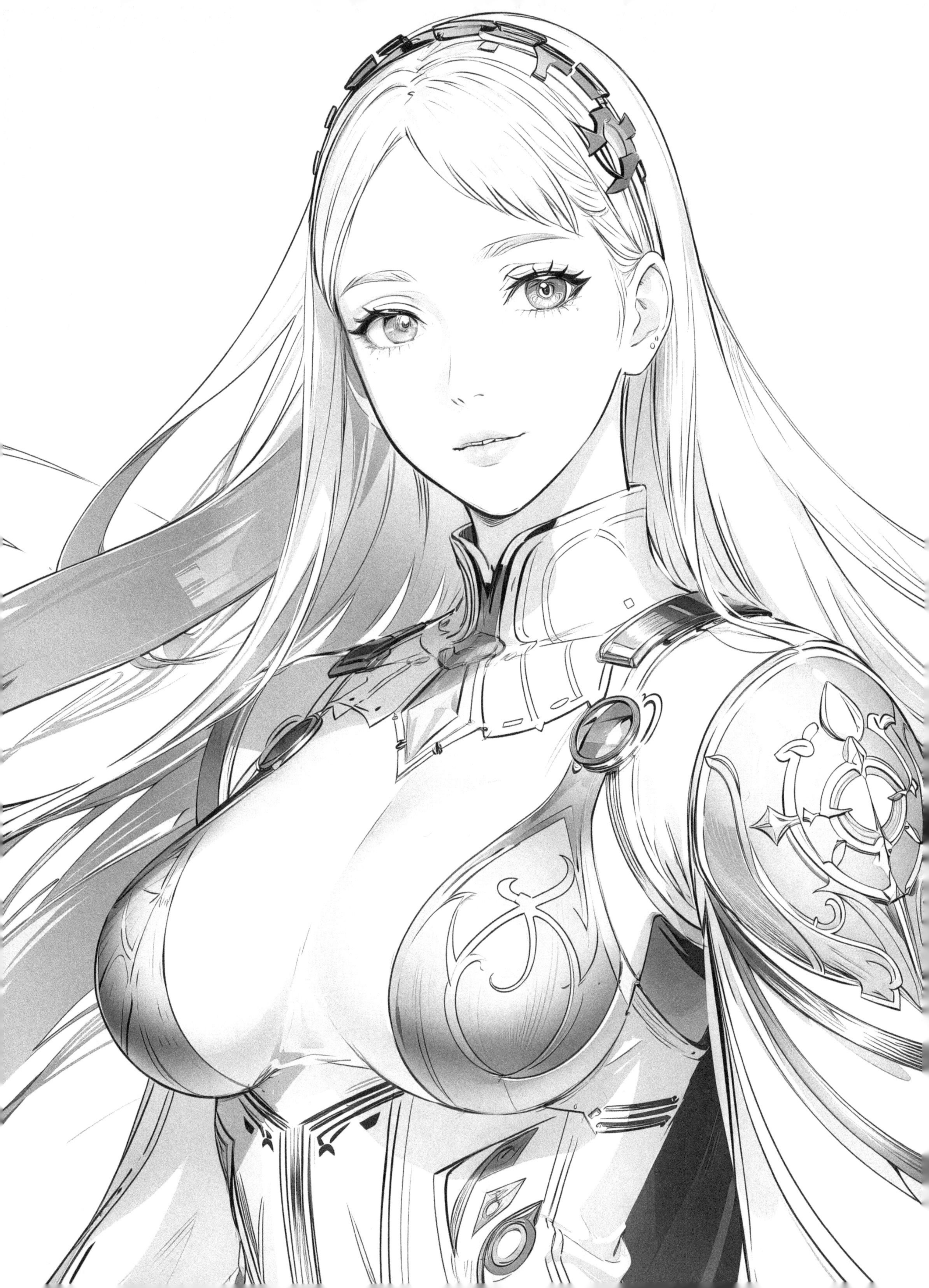

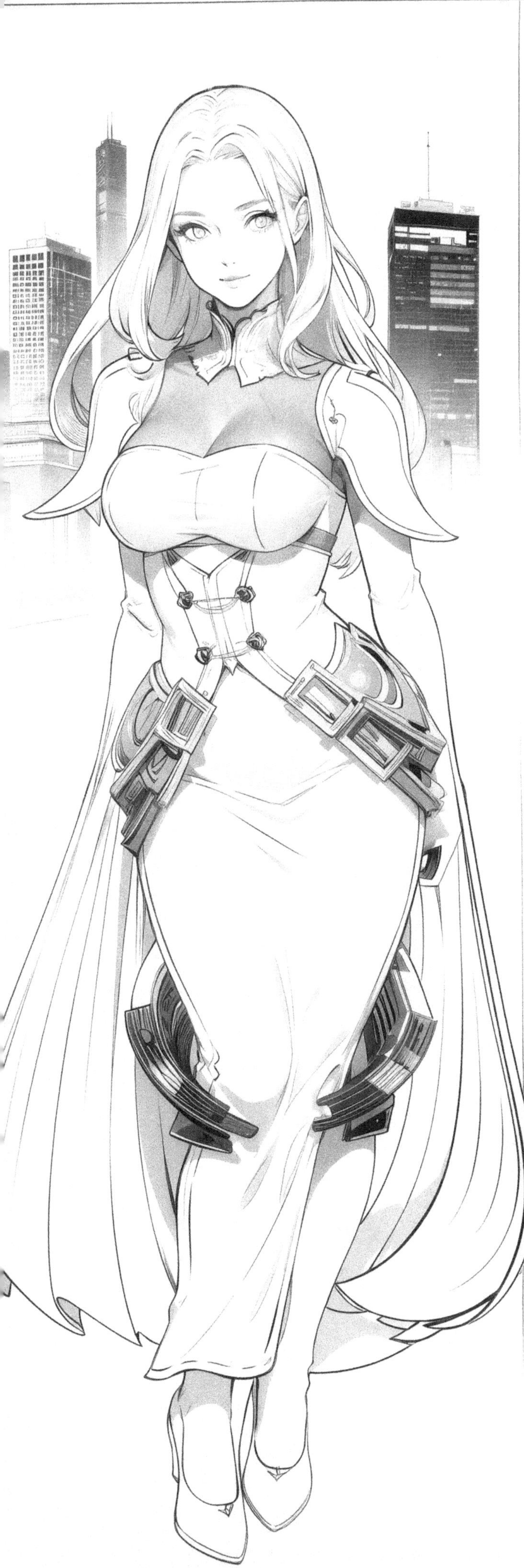
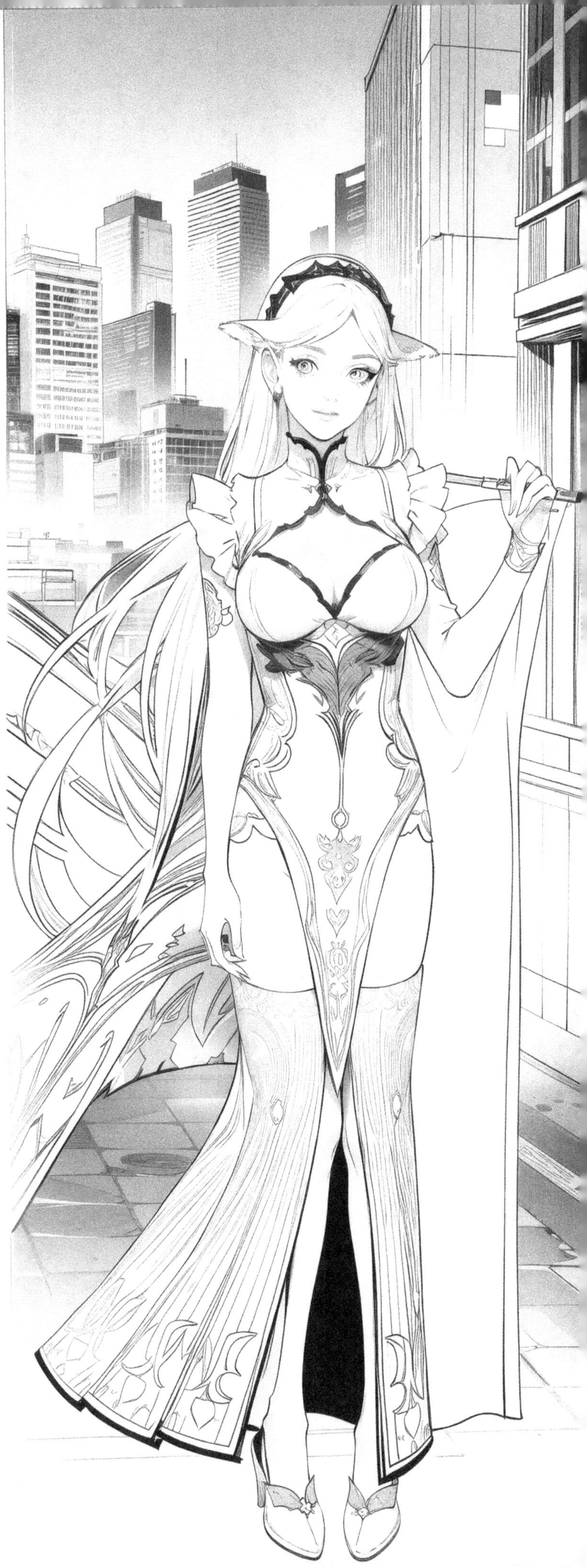

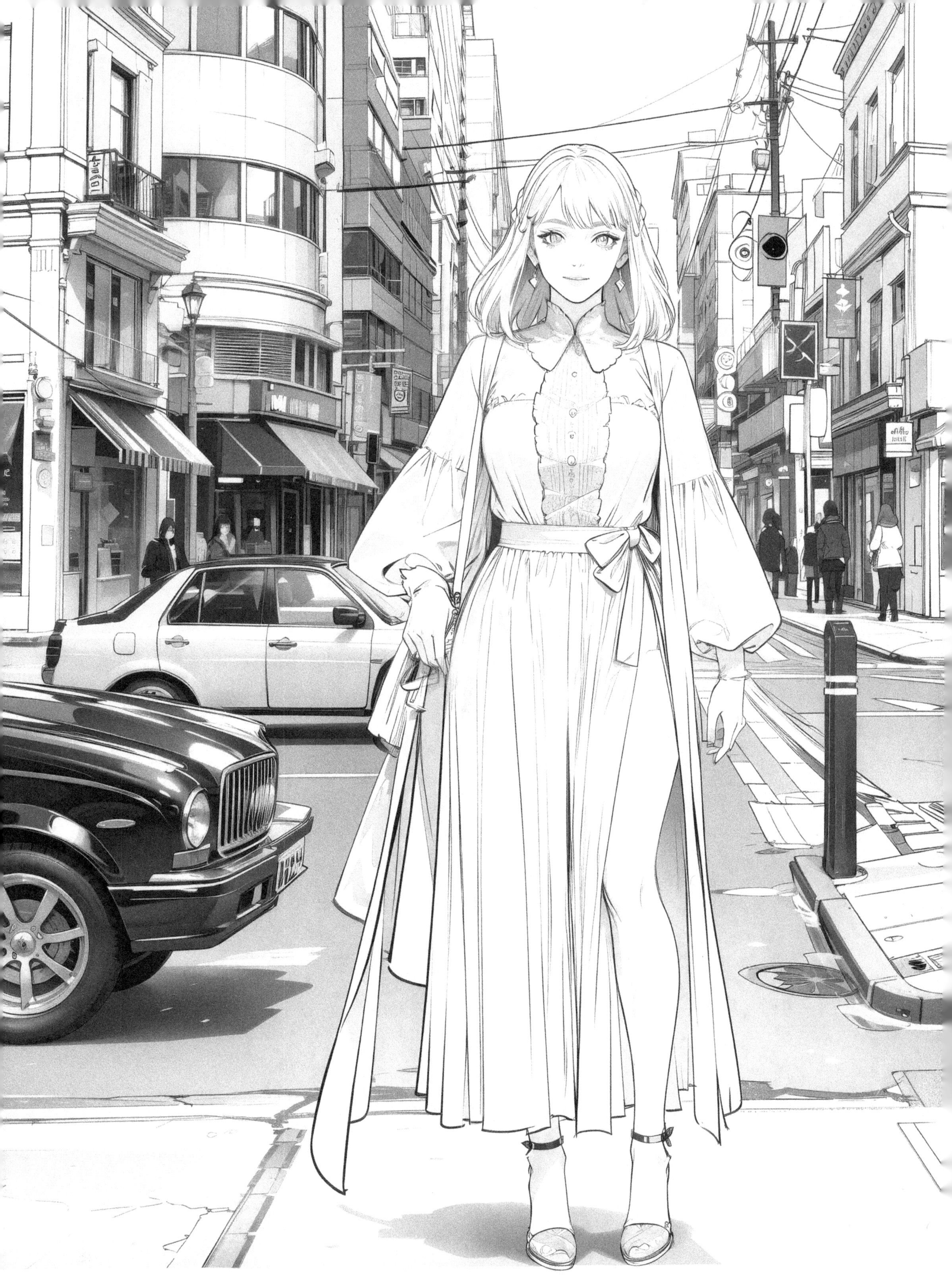

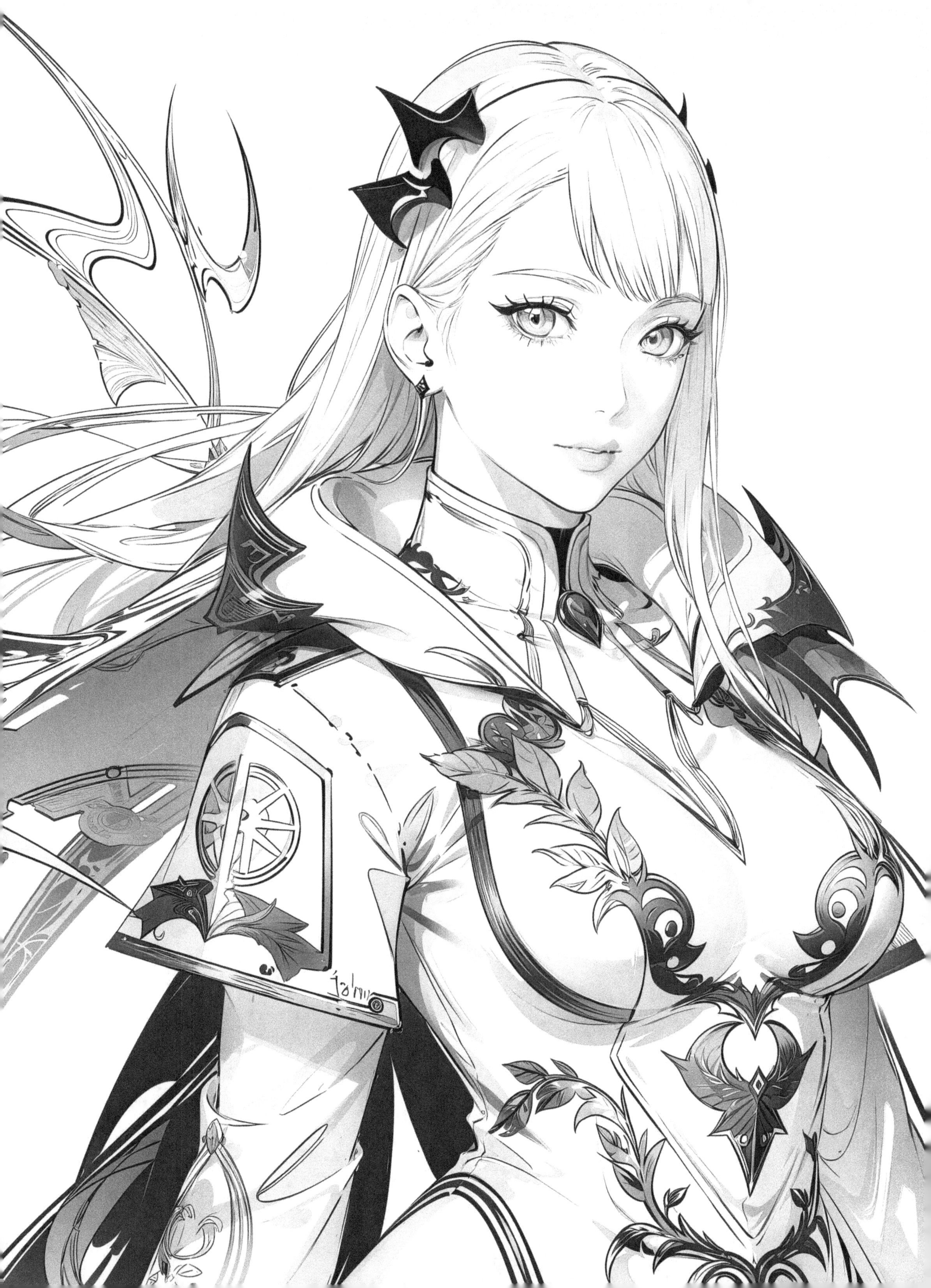

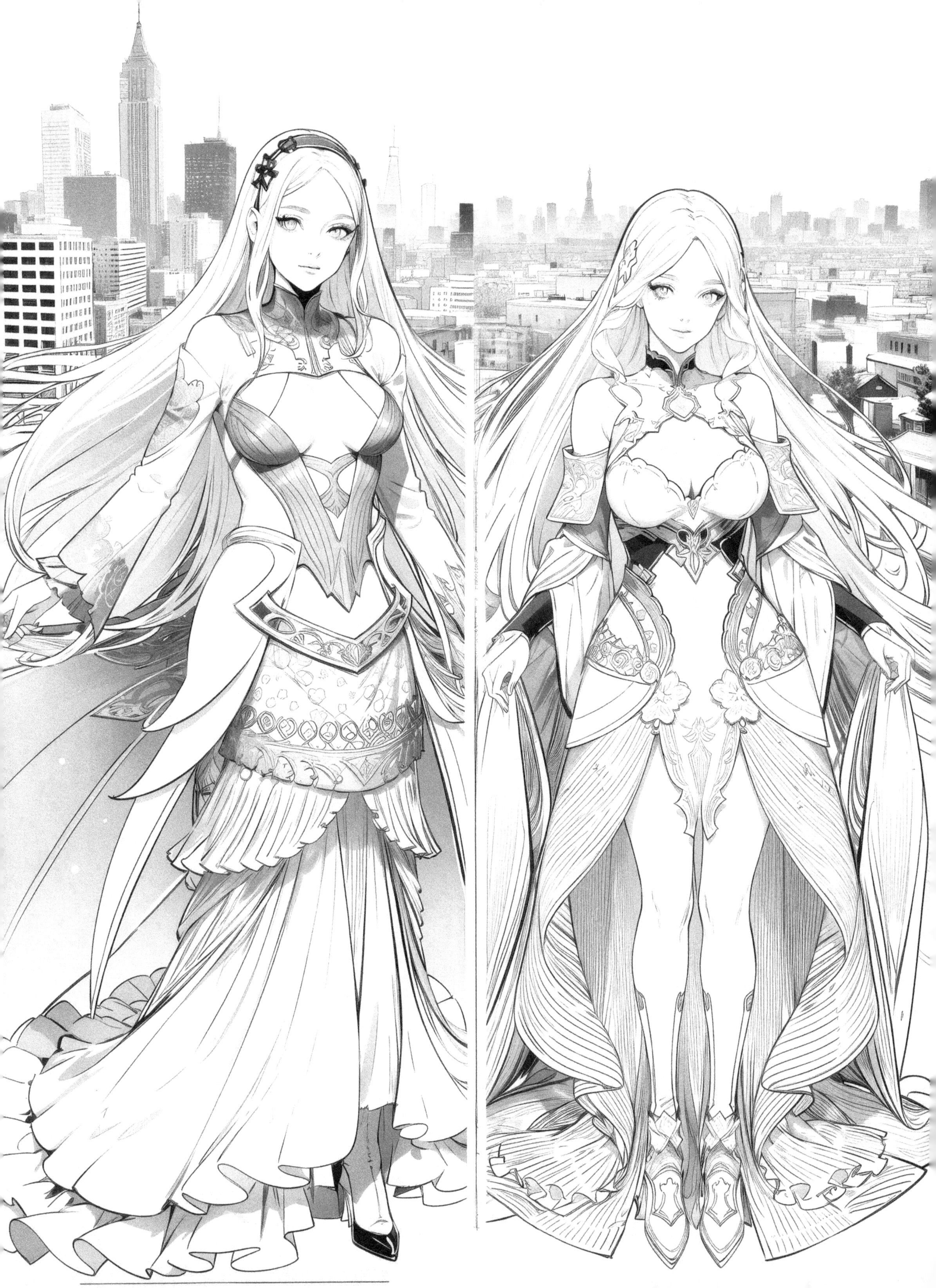

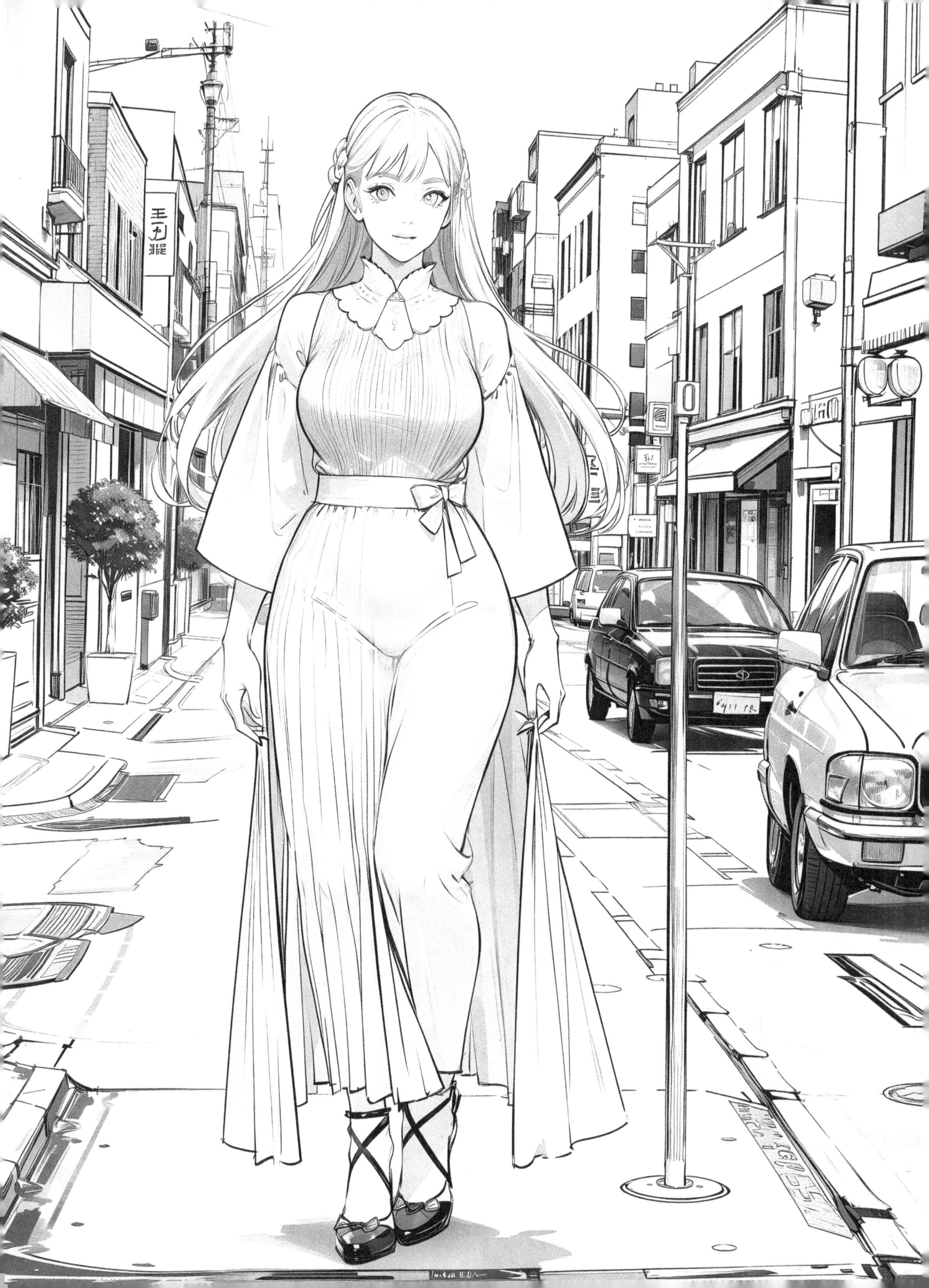

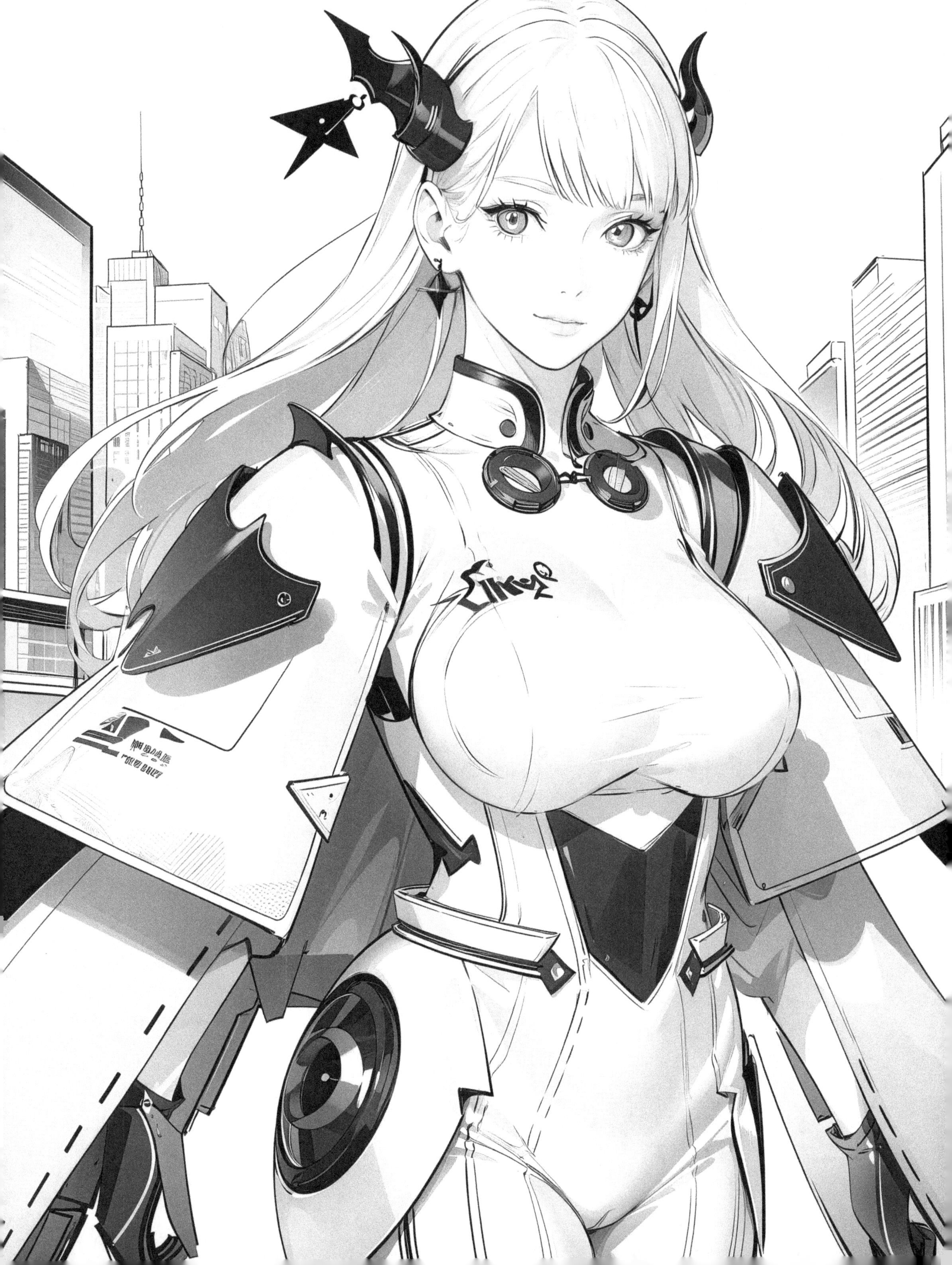

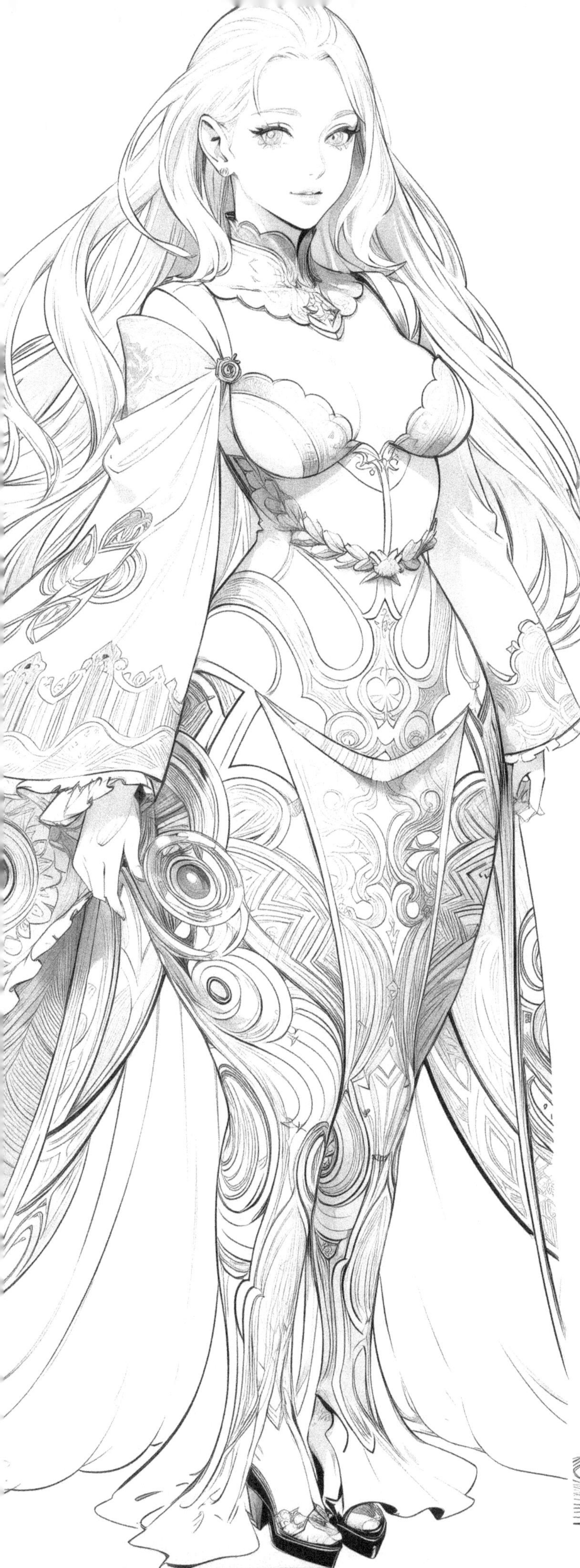
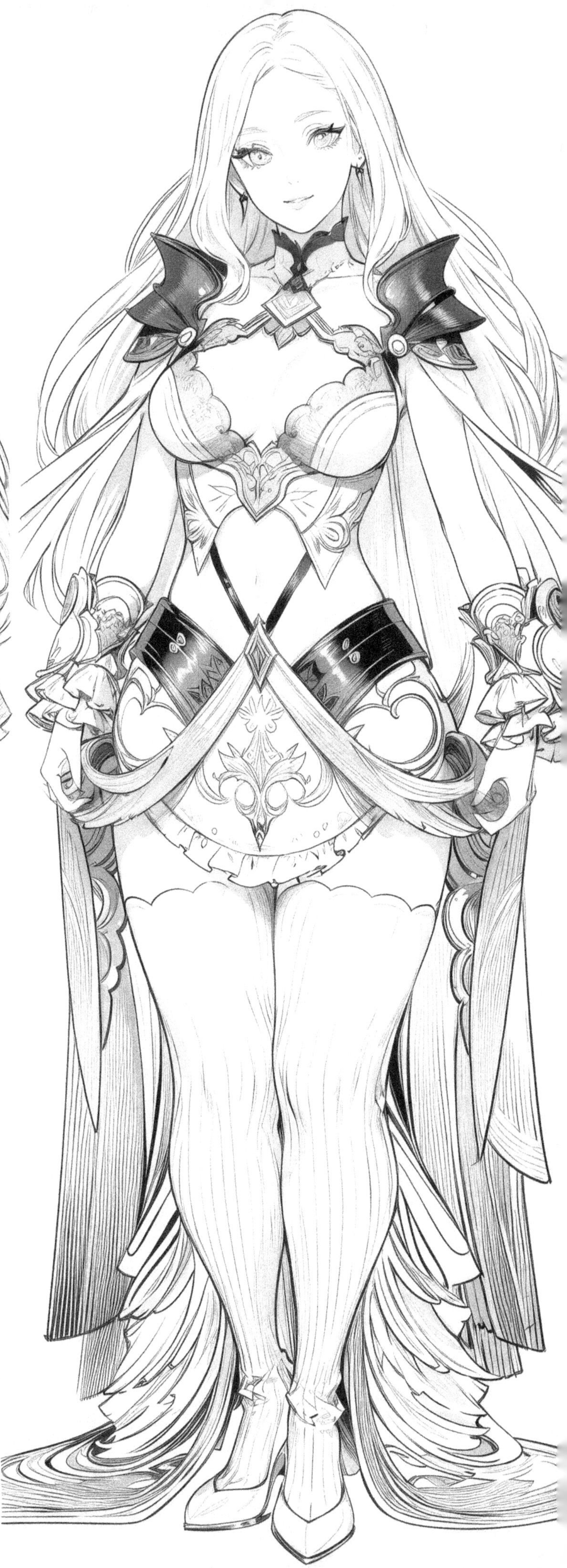

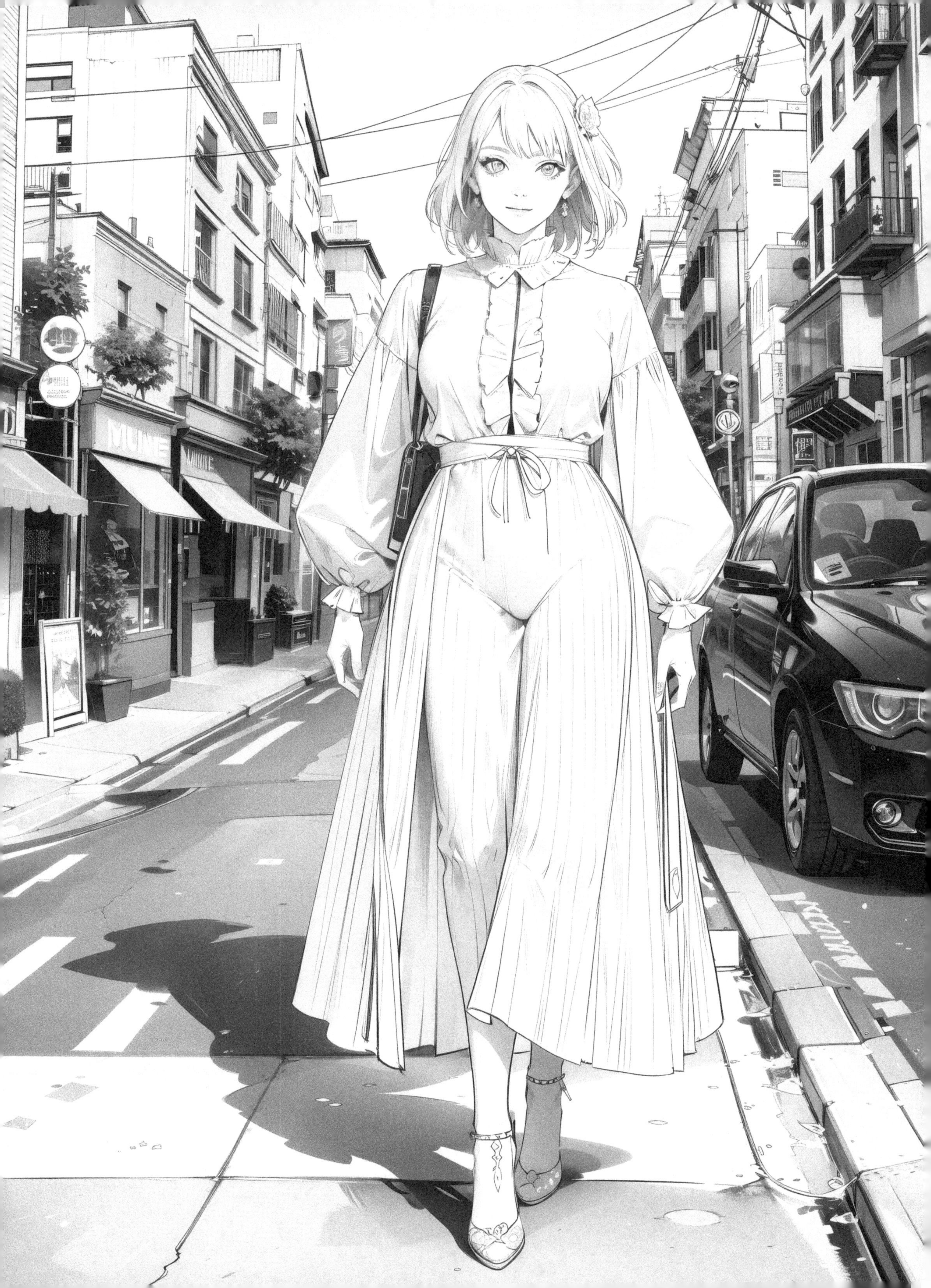
MUNE

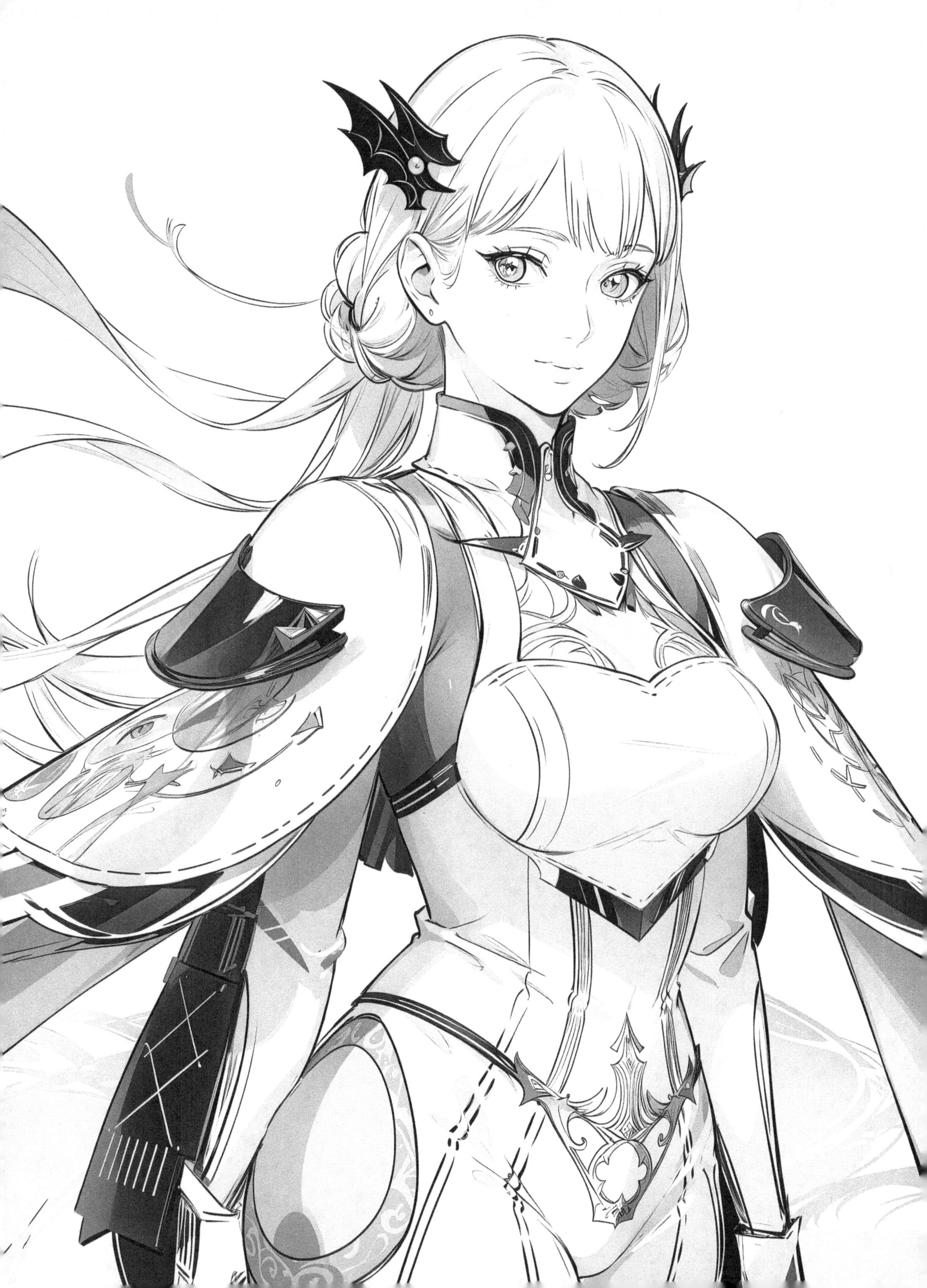

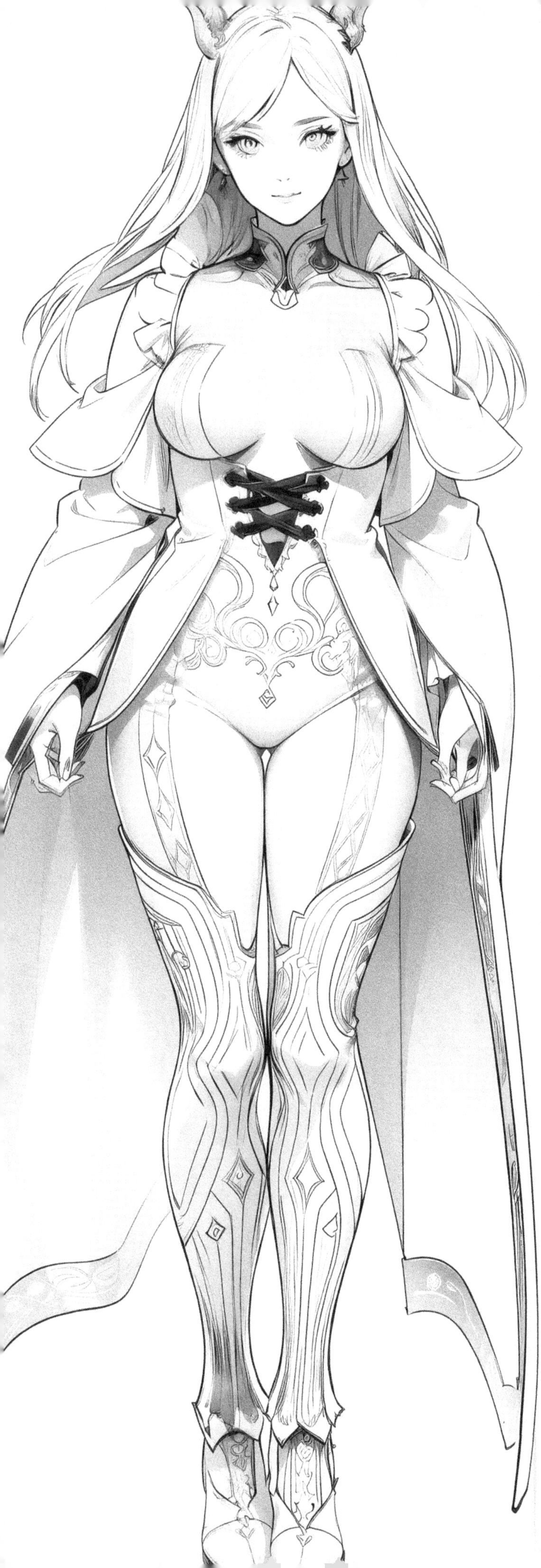

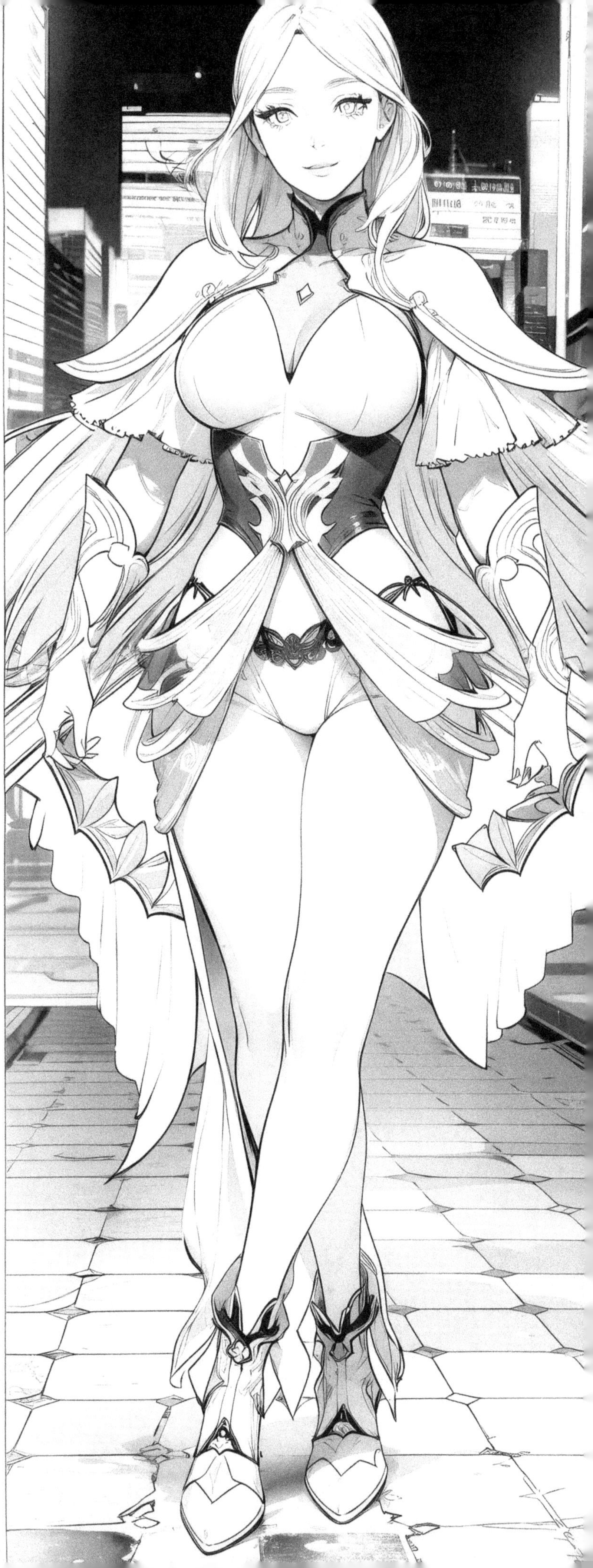

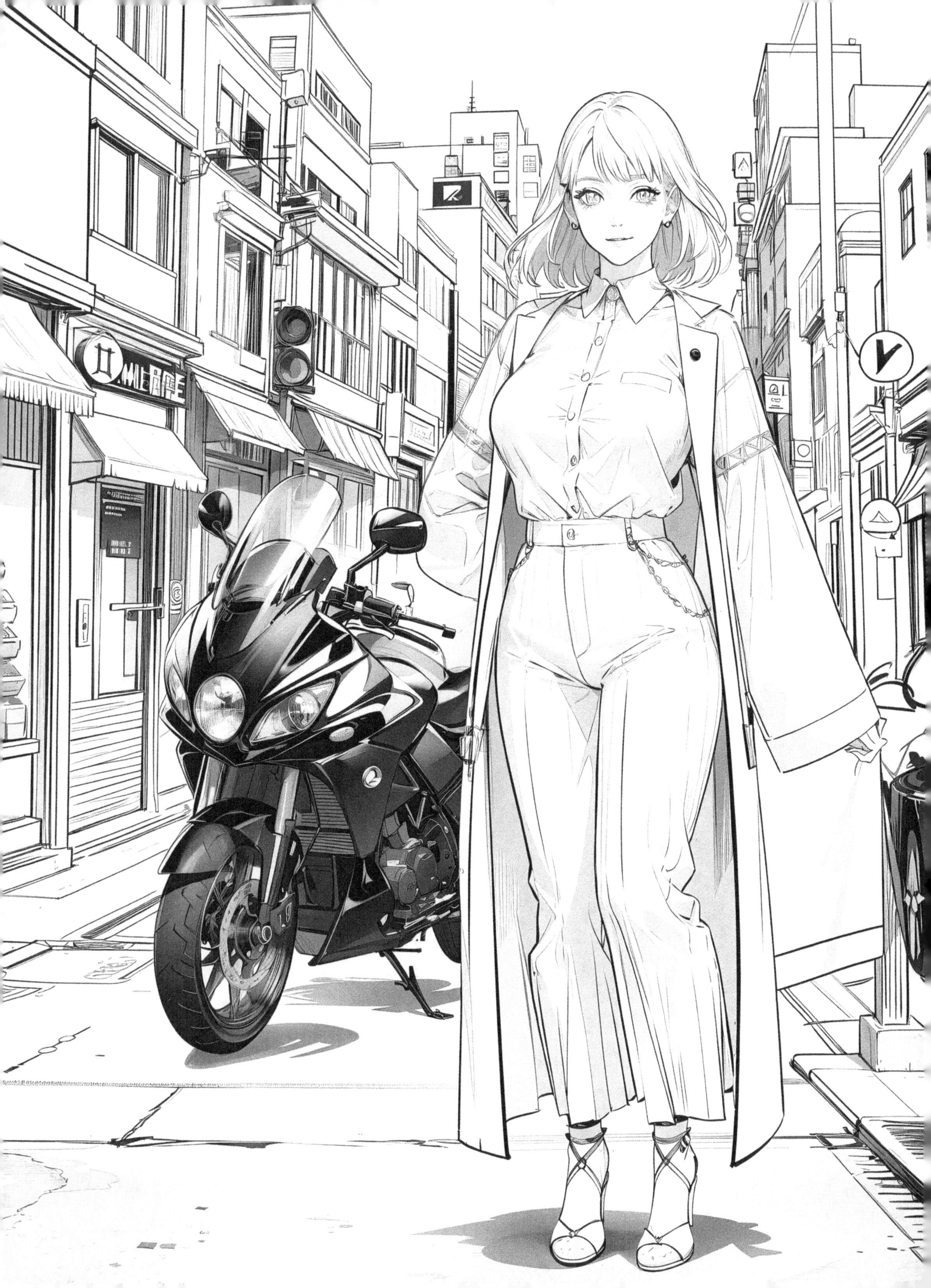

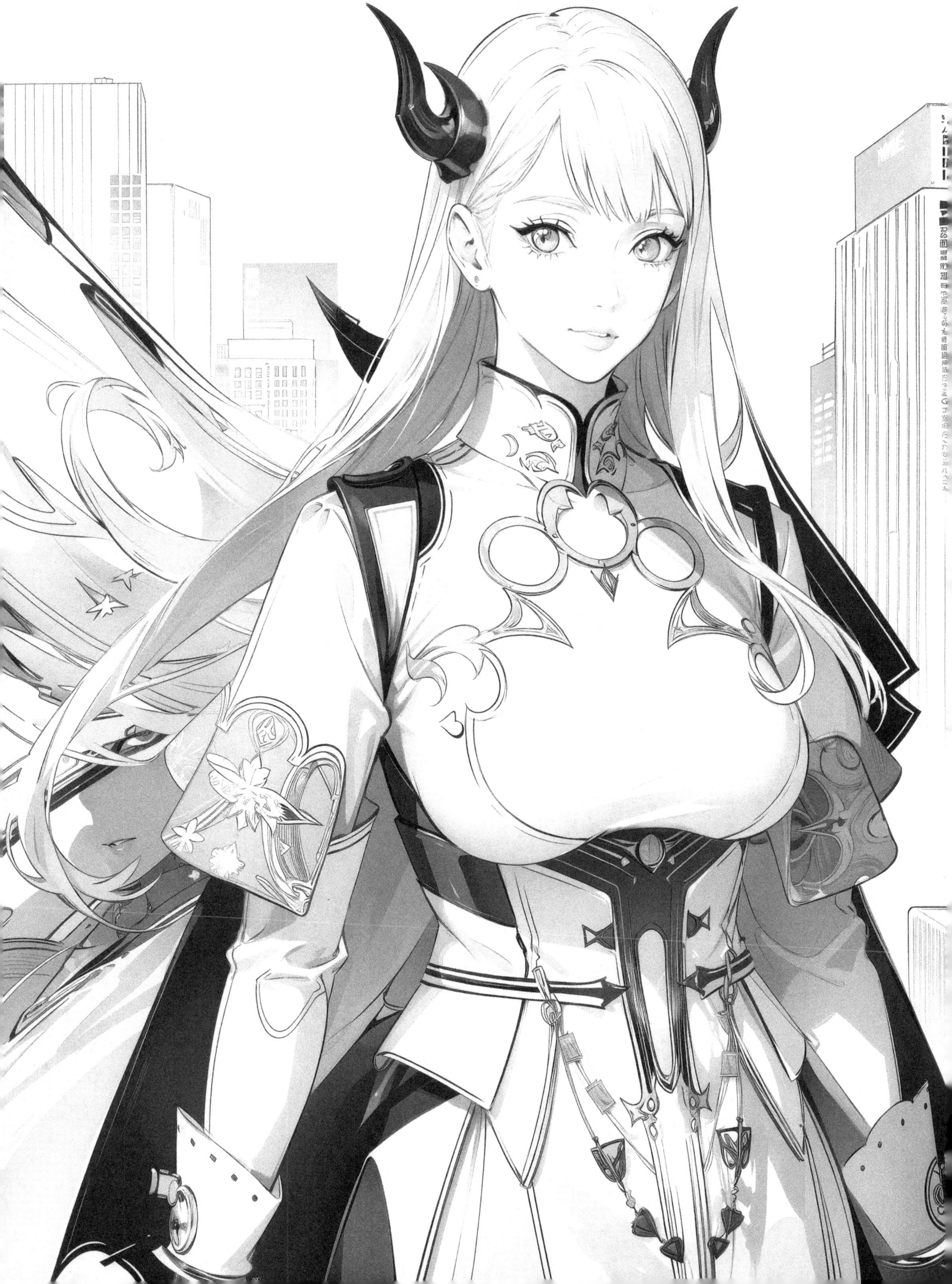

www.ingramcontent.com/pod-product-compliance
Lightning Source LLC
Chambersburg PA
CBHW082148230526
45467CB00043B/2410
* 9 7 9 8 3 9 2 6 7 6 3 1 6 *